KB029743

소년소녀, 정치하라!

소년소녀, 정치하라!

초판 1쇄 펴낸날	2017년 11월 21일
초판 5쇄 펴낸날	2022년 5월 13일
지은이	심상정 박주민 공현 김민식 박권일 송경동 황윤 장서연 심미섭 김하린
그린이	김혜령
펴낸이	홍지연
편집	고영완 정아름 전희선 조어진
디자인&아트디렉팅	정은경
디자인	전나리 박태연 박해연
마케팅	강점원 최은 이희연
경영지원	정상희
펴낸곳	㈜우리학교
출판등록	제313-2009-26호(2009년 1월 5일)
주소	03992 서울시 마포구 동교로23길 32 2층
전화	02-6012-6094
팩스	02-6012-6092
홈페이지	www.woorischool.co.kr
이메일	woorischool@naver.com

ⓒ심상정·박주민·공현·김민식·박권일·송경동·
  황윤·장서연·심미섭·김하린, 2017
ISBN 979-11-87050-47-6 43300

소년소녀, 정치하라!

만국의 청소년을 위한 정치력 향상 프로젝트

심상정

박주민

공 현

김민식

박권일

송경동

황 윤

장서연

심미섭

김하린

세상을 바꿀 청소년들에게 새로운 상상력을 제안합니다

오늘의 소녀, 소년들이 민주 사회의 구성원이자 정치적 주체로 살아가기 위해서는 청소년 시기에 다양한 정치 이슈를 접하고, 경험하고, 고민할 수 있어야 합니다. 하지만 우리 사회에서 청소년들이 스스로 '정치 주체'라고 생각해 볼 기회는 거의 없는 듯해요. '청소년들은 그저 부모님 말씀 잘 듣고 공부만 열심히 하면 제일'이라는 것이 많은 사람들에게 익숙한 정서인 것 같고요. 어느 사회에서나 정치 문제는 첨예하고 어려운 주제이겠지만, 청소년들의 이러한 성장 과정이 한국 사회의 정치가 변화하기 어려운 이유 중 하나이겠지요.

이 책에는 우리 청소년들이 왜 정치에 관심을 가져야 하는지에 대한 메시지가 담겨 있습니다. 물론 이전에 나온 청소년 책 가운데서도 정치 제도나 지난 역사의 정치적 사건에 대해 설명하고 있는 책은 여럿 있습니다. 그러나 정치와 우리 삶을 연결시켜 개인의 생생한 경험과 생각을 전하는 청소년 책을 만나기는 쉽지 않아요. 정치가 나와 멀리 떨어져 있는 거대한 어떤 것이 아니라 일상의 곳곳에 연결되어 있다는 것, 그렇기에 '투표권이 없는' 청소년들도 얼마든지 정치 문제에 관심을 가지고 목소리를 낼 수 있으며, 또 그래야만 한다는 것을 이야기하는 책도 필요합니다. 그래서 『소년소녀, 정치하라!』에서는 다양한 분야에

소년소녀, 정치하라!

서 정치와 관련해 목소리를 내 온 분들과 함께 정치가 바로 우리 삶과 맞닿아 있고, 끊임없이 호흡하며 관심을 가져야 할 문제라는 것을 여러 가지 시각에서 전하고 싶어요.

열 명의 저자가 전하는 다채로운 이야기들은 '우리에게 정치란 무엇인가'를 생각하게 합니다. 다른 사람의 경험을 통해 우리 삶과 정치를 비추어 보게 하지요. 내 생각을 표현해 다른 사람을 설득하고, 내가 경험해 보지 못한 이야기에 귀를 기울이며, 다른 존재들의 자리에 서 보는 것. 세상을 바꾸려는 사람들과 손을 잡고 한 발 한 발 나아가는 것. 그것이 정치의 또 다른 이름 아닐까요?

이미 다른 여러 나라에서는 청소년들의 정치 참여를 중요하게 생각하고, 교육과 제도를 통해 청소년 참정권을 보장하고 있습니다. 영국에서는 '시티즌십 교육'이라는 이름으로 초등학교에서는 선택 과목, 중학교에서는 필수 과목으로 정치 교육을 하고 있습니다. 영국의 민주주의가 어떻게 운영되고 있는지, 민주주의와 선거 참여가 왜 중요한지를 학생들이 스스로 고민하고 깨달을 수 있도록 하는 것이지요. 독일에서는 청소년들의 민주 의식과 정치 참여 의식을 키우기 위해 '보이텔스바흐 협약'을 마련했습니다. 이 협약의 내용은 정치 교육이 편향된 방향으로 이루어지는 것을 막고, 논쟁적인 사안을 둘러싼 다양한 입장 모두를 학생들이 직접 살펴보고 토론하며 자율적으로 결론을 끌어낼 수 있도록 하는 것입니다. 이런 나라들은 왜 정치 교육을 중요하게 생각하는 걸까요? 청소년 시기부터 사회 문제에 관심을 기울이며 정치 활동에 참여한 경험들이, 주권자 의식을 가진 시민으로 성장하게 하고 국민 전체의 정치 참여율을 높인다는 것을 경험해 왔기 때문입니다.

한국 사회 역시, 청소년들의 보다 적극적인 정치 참여를 위해 다양한 도전과 변화가 절실합니다. 그러기 위해 우리에겐 더 많은 상상력이 필요합니다. 세상을 바꿀 수 있는 사람은 지금 바로 여기에 있는 우리니까요. 2016년 겨울, 부패하고 무능한 정권 교체를 요구하며 천만 촛불이 광화문을 밝혔을 때 그 중심에 바로 청소년이 있었습니다. 일렁이는 촛불 가운데 함께 모여 구호를 외치고, 시국 선언을 하고, 행진을 하였습니다. "내가 이러려고 18세 선거권을 못 받았나 자괴감 들고 괴로워", "고양이도 하야아아악! 나라가 평안해야 냥이도 행복하다!"처럼 재치 넘치는 문구에서부터 "청소년이 주인이다." 같은 묵직한 선언까지, 세상을 바꾸려는 청소년들의 목소리가 광장을 수놓았지요. 1960년 4·19 혁명, 1980년 5·18 민주화운동, 1987년 6월 항쟁. 돌아보면 우리 역사와 정치가 변화해 온 순간순간마다 언제나 청소년이 있었습니다.

　　청소년의 정치 참여를 걱정 어린 혹은 색안경 낀 시선으로 바라보는 어른들은 오히려 '정치는 나쁜 것'이라는 편견에 갇혀 있기 때문일지 모릅니다. 정치를 배울 기회조차 주지 않고 청소년은 미성숙하다고 단정 짓지요. 그러나 청소년 시기야말로, 여러 사회 문제에 대해 고민하며 스스로 옳고 그름을 판단해야 합니다. 정치 주체이자 사회 구성원의 일부로 자리매김하고 자신의 주장을 펼칠 수 있어야 합니다. 무엇보다 지금 치르는 선거나 만들어지는 정책들이 머지않은 훗날에 청소년들에게 영향을 미칠 것입니다. 이를 생각하면 청소년에게 참정권을 주지 않는 사회에 이의를 제기하는 것은 당연한 일입니다. 참정권은 우리가 자기 삶의 주인이 되기 위해서, 행복을 추구하며 충실하게 살기 위해서 꼭 필요한 권리니까요. 가정에서, 학교에서, 또 마을 곳곳에서 마주하는 청소년 여러분의 일상이 곧 정치라는 것, 그 일상을 변화시킬 주체가 여러분이라는 것을 잊지 않길 바랍니다.

차례

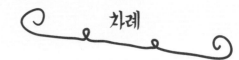

소년소녀
정치탐구
1

심블리의 대통령되기 대모험

+

허5파6, 『여중생A』

: 심상정(a.k.a. 심블리) : 국회의원

틈만 나면 친구들과 탁구장, 볼링장을 누비고, 떨어지는 낙엽에도 까르르 웃음 짓던 명랑 소녀였습니다. "아들은 가르쳐야 하지만, 딸까지 굳이 그럴 필요 있나?"라는 집안 분위기 탓에 어렵사리 재수를 허락받고 서울대학교에 합격했습니다. 하이힐에 짧은 스커트를 즐겨 입던 학생이었지만 『전태일 평전』을 만나 삶이 송두리째 바뀌었습니다. 하루 12시간 일하고 고작 8만 원 월급을 받는 구로공단 여공들이 제대로 존중받는 것이 진정한 민주주의라는 생각에 25년을 쫓기며 데모하며 노동자들과 울고 웃었습니다.

2004년 민주노동당의 비례 대표 1번으로 처음 국회의원이 되었고 2012년과 2016년 고양시의 지역구 국회의원으로 당선되며 진보 정당 최초 3선 의원이 됩니다. 2015년 정의당 대표가 되고 2017년에는 정의당 대선 후보로 출마하여 6.2%를 득표했습니다. 사실상 꼴등이었지만 선거 기간 내내 받은 뜨거운 성원에 새삼 '정치인 되길 잘했다.'고 생각했답니다.

임기 중 받은 가장 기뻤던 상은 대학생들이 직접 선정한 '거짓말 안 하는 정치인 5인'에 뽑힌 것입니다. 오늘도 그 막중한 기대와 성원에 부응하고자 내 삶을 바꾸는 정치, 책임 있는 진보 정치를 위해 달립니다.

여러분, 심블리와 함께 신나게 정치할 준비되셨나요?

 심블리의 대통령되기 대모험

대선 꼴찌 심블리, '고통령' 되다

6.2%. 제가 지난 19대 대통령 선거에서 얻은 득표율입니다. 어떤가요? 솔직히 아주 높다는 느낌이 들지는 않지요? 저도 이 것보다는 조금 더 많은 표를 얻을 수 있지 않을까 기대했던 터라 출구 조사 결과가 나왔을 때 살짝 실망했던 것은 사실입니다. 원 내 6석 작은 정당의 후보로서 큰 정당의 1/10 밖에 되지 않는 비 용으로 치른 선거였습니다. 그래도 두 자릿수는 넘기지 않을까 기대했습니다. "TV 토론 가장 잘했다."라는 찬사도 여러 번 받았

고, 유세장마다 많은 사람이 몰렸기 때문입니다. 201만 7,458표를 얻어 최종 결과는 주요 5명 후보 중 꼴찌. 여기까지가 대선 후보 심상정이 받은 공식적인 성적표입니다.

저녁 8시 출구 조사 결과가 발표된 이후 우리 당원들은 적이 실망한 눈빛이었습니다. 없는 살림에 돈 내고 바쁜 와중에 휴가 내서 선거 운동에 땀 흘려 온 당원들이었습니다. 당연하게도 미안한 마음이 들었습니다. 그런데 10시가 지나면서 반전 소식이 날아들었습니다. "심상정이 2등을 했다."는 겁니다. 저를 비롯한 모두가 깜짝 놀랐습니다.

무슨 일인지 알아보니, 대선 당일 YMCA가 주최한 청소년 모의 투표 이야기였습니다. 1등은 물론 39%를 얻은 문재인 후보가 차지했습니다만, 제가 36%의 지지를 얻어 불과 3% 차이로 2등을 한 것이지요. 전국에서 자그마치 51,715명의 청소년이 이 투표에 참여했다고 합니다. 이들의 성원은 우리 당원과 지지자들에게 정말 큰 위로가 되었습니다.

대선이 끝난 이후 저는 한동안 당선증을 받으러 전국의 중·고등학교를 찾아다녀야 했습니다. 그리고 '고통령', '중통령'이라는 별명도 얻었습니다. 비록 진짜 대통령이 되지는 못했지만, 우리 청소년들이 다가올 정치의 주인이라는 점에서 너무나 영광스러운 이름입니다.

정치인의 긍지와 자부심을 일깨우다

저는 지금도 대통령 선거 당시 유세장의 뜨거운 열기를 잊지 못합니다. 가는 곳마다 여성과 청년, 또 청소년과 비정규직 노동자들이 정말(제가 보기에는) 구름 떼처럼 모여들었습니다. 의아했습니다. 요즘 사람들, 특히 젊은 사람들의 삶이 얼마나 고단한지 잘 알고 있었으니까요. 공부할 것도 많고, 알바도 하고, 취직 시험 준비도 하면서 하루하루 전쟁같이 살 텐데 어떻게 이 낮에 여기까지 왔을까?

그런데 그들의 눈과 마주치니 단박에 알 수 있었습니다. 이들이 꼭 심상정을 지지해서라기보다, 정말 절박해서 여기까지 달려왔다는 것을요. 단상에서 내려가 악수를 청하면 우리 청년들은 약속이나 한 듯이 저를 꼭 끌어안고 귀엣말을 속삭였습니다. "저는 대학 졸업한 지 2년이나 됐는데 취직을 못 해서 고향에 못 가고 있어요.", "인턴으로 취직했는데 일자리도 불안정한 데다가 야근이 너무 많아서 애를 낳을 수가 없어요."

또 어떤 고등학생은 팔로 제 목을 감싼 채 너무 아픈 이야기를 털어놓기도 했습니다. "부모님께 성 소수자라고 말씀드렸더니 정신 병원에 보내서, 나온 지 이제 한 달 됐어요."

저는 늘 '정치인이란 변화를 말하고 또 조직하는 사람'이라고 생각해 왔습니다. 그런데 저를 찾아온 그들은, 아주 강력하게

소년소녀, 정치하라!

변화를 원하는 사람들이었습니다. 한 사람 한 사람을 있는 힘껏 껴안았습니다. 참 고마웠습니다. 저를 지지해 주어서가 아니라, 그들을 안는 순간 제가 정치인이라는 사실을 다시 한 번 아주 분명하게 깨달을 수 있었기 때문입니다.

변화를 만들려는 사람과 변화를 원하는 사람이 뜨겁게 만나면 폭발적인 에너지가 생깁니다. 살갑게 환대받고, 절박하게 눈을 맞추고, 청년들의 삶을 뜨겁게 안은 경험은 앞으로 제가 무엇을 해야 하는지, 그리고 어느 방향으로 가야 할지 분명하게 각인

시켜 주었습니다.

나약한 사람들이 해낸 비범한 일

　이번 대통령 선거는 촛불이 만들었습니다. 그러나 변화를 향한 1,700만 개 촛불의 열망은 단순히 정권 교체로만 끝나지 않을 것입니다. 저는 촛불에 담긴 에너지가 앞으로 대한민국 정치 변화의 시간을 매우 압축시킬 거라고 생각합니다. 정권 교체는 시작일 뿐입니다.

　과거에 정치는 그저 '정치인이 하는 일'이었습니다. 시민들은 선거에서 번호만 보고 혹은 어차피 될 사람을 뽑아 주었습니다. 처음부터 잘할 거라는 기대도 없고 감시도 하지 않았습니다. 그러다 정치인들이 문제를 일으키면 다 똑같다며 냉소했습니다. '먹고살기도 바쁜데 투표를 왜 하느냐'면서 외면하고 정치에서 멀어지기 일쑤였습니다. 그래서 시민은 정치에서는 늘 주체가 아닌 객체이고 대상일 뿐이었습니다. 정치에서 시민이 할 수 있는 일이라곤 아무것도 없다고 생각했습니다. 정치는 '그들만의 것'이니까 대통령이 바뀌고 국회의원이 바뀌어도 내 삶은 바뀌지 않는다, 아무리 노력해도 지금까지 정치를 지배해 온 낡은 방식은 변하지 않는다는 게 일반적인 인식이었습니다. 오죽하면 저희 부모님께서도 진보 정당 활동을 한다는 저에게 가장 많이

소년소녀, 정치하라!

하신 말씀이 "되지도 않을 걸 왜 하냐."였으니까요.

그러나 지난겨울 1,700만 촛불은 달랐습니다. 권력에 한없이 무기력하고 나약한 개인이지만, 10만, 100만, 200만, 1,000만이 촛불을 들고 모이면 얼마나 비범한 일을 할 수 있는지 경험했습니다. 어떤 것 하나 부수지 않고, 누구 하나 다치지도 않고 평화적으로 부패한 정권을 끌어내렸습니다. 국민이 엄연한 주권자라는 헌법 제1조의 가치를 확인한 것입니다.

이번 촛불 시위에는 매우 다양한 시민이 참여했습니다. 남녀노소 할 것 없이 함께했지만, 특히 청소년의 참여가 두드러졌습니다. 광장에 선 청소년들은 구호를 외치고 행진했습니다. 어떤 청소년들은 자신만의 깃발을 들고 참여해 시위를 주도하기도 했습니다. 나이를 불문하고 모든 시민이 변화를 이루는 데 자신의 몫을 다했습니다.

변화는 늘 그것을 주도하는 세력과 그 주체가 만들어 내는 에너지에 의해 일어납니다. 그런 점에서 촛불은 한국 정치의 역사에서 대단히 중요한 전환점이 될 겁니다. 한국 사회의 변화를 수십 년 앞당겼고, 아직도 변화의 힘이 꿈틀거리고 있습니다. 저는 그 중심에 바로 청

소년이 있다고 생각합니다. '학생은 정치에 관심 끄고 공부나 해야지.', '학교를 정치판으로 만들면 안 돼.'와 같은 사고는 이제 시대착오적인 것이 되었습니다. 청소년 여러분은 다른 누구보다도 사회에 대해 적극적으로 말할 수 있고, 그를 통해 실질적인 변화를 만들어 낼 수 있는 시대에 있습니다. OECD 회원국 34개국 중 유일하게 만 18세에게 투표권을 주지 않는 부끄러운 나라지만, 우리 청소년들은 더 이상 정치 밖에 머물러 있지 않을 것입니다. 이번 청소년 모의 투표가 그 증거입니다.

정치적 인간이 된다는 것

이렇듯 새로운 대한민국으로 나아가려면 가장 먼저 시민의 참여가 확대돼야 합니다. 아리스토텔레스는 "정치 공동체 없이도 살 수 있는 자가 있다면 그는 인간 이상의 존재이거나 아니면 인간 이하의 존재"라고 했습니다. 신도 짐승도 아닌 인간에게는 정치가 꼭 필요하다는 말입니다.

'먹고사느라 바쁜데 정치에 관심 가질 시간이 있나.', '정치가 나와 무슨 상관이 있지.' 하는 생각을 할 수도 있습니다. 그러나 정치는 우리 삶의 공동 조건을 다루는 분야입니다. 우리는 정치를 통해서 함께 살고 있는 이 사회가 어떤 방향으로 갈 것인지 결정합니다. 우리의 삶에도 아주 중요한 영향을 미친다는 이야

소년소녀, 정치하라!

기입니다. 예를 들어 볼까요?

한국의 대학 진학률은 70%에 육박합니다. 세계 최고 수준입니다. 등록금도 엄청 비쌉니다. 그런데 대학 교육이 무상인 독일에서는 대학 진학률이 30%밖에 안 됩니다. 등록금이 싸면 너나없이 대학에 갈 것 같지만 결과가 정반대입니다. 왜 이런 모순이 발생하는 걸까요? 대학에 가지 않아도 취업 걱정이 없기 때문입니다. 독일에서는 직업 고등학교를 나오자마자 일을 시작하는 게 꽤 보편적입니다. 또한 청소 노동자와 변호사가 똑같이 존중받는 사회입니다. 혹여 직장을 잃거나 아파서 돈을 못 벌더라도 사회 안전망을 통해 최소한의 삶을 유지할 수 있습니다. 어떤가요? 비싼 등록금 내고 대학을 나와도 취업하기 힘들고, 운 좋게 취업하더라도 꾸역꾸역 학자금 대출을 갚아야 하는 한국 사회와 매우 대비되지 않나요?

이렇게 서로 다른 삶의 조건을 만든 건 바로 정치입니다. 우리는 '힘들게 번 돈을 왜 세금으로 뺏겨야 하지?' 하며 세금이 아깝다고 생각합니다. 이제는 '아프고 장애가 있거나, 가난한 부모님을 만나서 경쟁에서 이길 조건이 안 된다면 어떻게 하지?'라고 질문해 보아야 합니다. 생존에 필요한 모든 걸 개인이 해결해야 하는 사회와 일정한 세금을 내더라도 최소한 생존에 필요한 조건을 국가가 함께 해결하는 사회 중 어떤 곳이 더 행복한 사회인지 판단할 권리가 우리에게 있습니다. 독일처럼 평등한 기회가 주어지고, 사회 안전망 체계가 잘 보장된 사회를 만들 권리가 있습니다. 물론 국가와 사회를 믿을 수 있는 신뢰 관계가 먼저 만들어져야 하겠지요.

우리가 '정치적 인간'이 된다는 것은, 이런 삶의 공통 조건을 결정하는 일을 정치인에게만 맡겨 두지 않는다는 것을 의미합니다. 여러분은 더 나은 삶의 조건을 위해 직접 참여하고, 실천하고, 또 선택할 수 있습니다. 청소년 여러분이 꼭 그런 '정치적 인간'으로 멋지게 성장해 주시면 좋겠습니다.

참여보다 더 중요한 건 대안

조금 욕심을 부려서 한 발짝만 더 나아가 볼까요? 과연 시민들이 정치적 인간이 되면, 우리 사회가 저절로 바뀔 수 있을까요? 시민 참여만 확대되면 민주주의가 강해질까요? 물론 민주주의는 시민 참여를 토대로 만들어진 체제이지만, 이것만으로 좋은 정치를 기대할 수는 없습니다.

이에 대해 아주 탁월한 말을 했던 사람이 있습니다. 바로 이탈리아의 유명한 사상가 노르베르토 보비오입니다. "민주주의란 투표할 수 있는 체제가 아니라 어디에 투표할지에 대한 딜레마를 해결해 주는 체제다."

소년소녀, 정치하라!

생각해 보세요. 북한에서도 중국에서도 투표는 할 수 있습니다. 투표율도 무진장 높습니다. 시민의 참여도만 따지면 남부러울 게 없습니다. 그런데 과연 이들 국가가 민주적이라고 할 수 있을까요?

선거 때만 되면 많은 사람들이 "그놈이 그놈이야.", '다 똑같아."라고 말합니다. 즉, 믿고 찍을 만한 정치인, 믿고 지지할 만한 정당이 없다는 말입니다. 아무리 참여하고 싶어도 눈앞에 내가 바라는 훌륭한 정치인, 또 내가 의지하고 싶은 정당이 없다면 말짱 꽝이겠죠. 점심시간에 맨날 짜장면과 짬뽕 중에서만 먹고 싶은 걸 골라야 한다고 가정해 보세요. 이 선택권이 과연 온전한 권리라고 할 수 있을까요? 볶음밥이나 탕수육 같은 다른 메뉴도 내놓으라고 요구해야 하지 않을까요?

결국 참여할 권리보다 더 중요한 것은 바로 '대안을 조직할 권리'입니다. 나의 의사를 가장 실질적으로 반영할 수 있는 정치인과 정당이 있어야 합니다. 제가 13년 동안 정치를 하면서 가장 허전했던 것은 여야를 가리지 않고 좋은 정당을 만드는 데 관심을 둔 지도자가 없었다는 사실입니다. 정당은 민주주의의 엔진입니다. 그러니까 한국 사회는 지금 엔진이 고장 난 상태입니다. 다양한 목적을 가진 여러 정당이 국민의 이익을 대변하는 정치로 성장하지 못했습니다. 지금까지도 정당마다 서로 책임을 떠

넘기면서 비방하고 격렬하게 싸우느라 바쁩니다.

결과는 어땠을까요? 국민 대다수의 삶과 직결되는 현실적인 문제들을 미루는 동안 정치에 대한 불신만 커졌습니다. 국민의 삶의 질도 계속 떨어지고 있습니다. 국제통화기금(IMF)의 2016년도 자료 발표에 따르면, 소득 불평등 정도를 판단하는 지표인 소득 집중도에서 미국에 이어 한국이 세계 2위를 차지했습니다. 기득권만 대변하는 정치는 한국을 소득 상위 10%가 전체 부의 44.9%나 차지하는 불평등한 나라로 만들었습니다.

정치를 바꾸려면 좋은 정당이 꼭 필요합니다. 좋은 정당은 시민들의 성원과 관심을 먹고 자란다는 사실을 기억해 주길 바랍니다. 하나 더, 좋은 정당이 제대로 평가받을 수 있는 공정한 선거 제도도 만들어야 합니다. 그렇게 나를 대변하는, 우리의 마음을 쏙 빼닮은 국회를 만들면 한국 사회의 민주주의는 한층 더 성숙해질 것이라고 믿습니다.

끊임없이 앞으로, 여러분과 함께

마지막으로는 정치가 무엇이고 왜 중요한지, 또 좋은 정치란 어떤 것인지 여러분과 이야기를 나누고 싶습니다. 가끔 '내가 정치의 본질에 대해 조금 더 일찍 깨달았더라면, 진보 정치의 실패를 줄일 수 있지 않았을까?' 하고 성찰하곤 합니다. 그만큼 정

소년소녀, 정치하라!

치에 대해 제대로 이해하는 것이 무척 중요하다는 점을 강조하고 싶습니다. 그게 제가 지금 이 글을 쓰고 있는 이유이기도 하고요.

아시다시피, 인간은 아주 불완전한 존재입니다. 누구도 완벽할 순 없고 또 조금씩 실수를 하며 살아갑니다. 인간의 결함을 그대로 인정하되, 우리 사회를 조금 더 낫게 바꾸겠다는 실천이 바로 정치입니다. 그래서 정치는 불완전한 인간이 함께 추구하는 가능성의 예술입니다.

또 앞서 살펴본 것처럼 한 사람이 시민 사회의 구성원으로 태어나 자라고, 교육을 받고, 직업을 선택하고, 가정을 이루고, 죽음을 맞이하기까지 모두 정치와 연관돼 있습니다. 가정에서, 학교에서, 또 마을 곳곳에서 마주하는 청소년 여러분의 일상이 곧 정치라는 것, 그 일상을 변화시킬 주체가 여러분이라는 것을 잊지 않길 바랍니다.

정치인이 선거에서 참패한 후 당 대표에서 물러나거나 정계를 떠나는 장면을 많이 보았을 겁니다. 저는 비록 이번 대선에서 원내 정당 후보들 중 꼴찌를 했지만, 그 누구한테도 정치 그만하라는 소리를 듣지 못했습니다. 오히려 많은 사람들이 "미안하다, 다음에 나오면 꼭 찍어 주겠다."라고 하기에, 그 말을 믿고 당분간 정계 은퇴는 하지 않기로 마음먹었습니다.^^

꼴찌를 했음에도 더 큰 꿈과 희망을 가질 수 있는 이유는 분명합니다. 저는 지난 촛불 대선을 통해 우리 정치가 변화할 수 있다는 가능성을 확인했습니다. 지금까지 외롭게 외쳐 왔던 노동, 경제 민주화, 복지 같은 가치들은 이제 우리 정치에서 추구하는 보편적인 가치가 되었습니다. 시민들의 삶을 위해 제안했던 민생 정책들은 국민적인 합의를 얻어 현실에서 하나씩 실현되어가고 있습니다.

제 꿈은 누구보다 시대정신에 부합하는 정치인이 되는 것입

소년소녀, 정치하라!

니다. 시대정신과 함께하는 한, 우리는 계속 앞으로 나아갈 수 있다고 믿습니다. 저와 여러분이 만나 마침내 새로운 세상의 새벽을 맞이하길 바랍니다.

손을 맞잡고 불행의 조건을 마주하기

허5파6, 『여중생A』

　누구나 세상을 살아가며 크고 작은 인생의 고비를 맞이하게 됩니다. 세상을 탓하기도 하고, 자기 연민에 빠지기도 합니다. 만화의 주인공 장미래 역시 자신 앞에 놓인 고비에 압도되어 있었습니다. 하지만 어렵사리 친구를 사귀면서 조금씩 타인의 고통에 눈뜨게 됩니다. 어두운 세상이 나에게만 존재하는 것이 아니라는 것, 바깥의 환한 불빛이 내 안에서도 커 갈 수 있다는 것을 깨닫기 시작합니다. 그렇게 미래가 친구들에게 마음을 내어 주고 이내 변화하기 시작하는 이야기가 담백하지만 단단하게 펼쳐집니다.

　대부분의 경우 나 혼자만 겪는 어려움은 흔치 않습니다. 우리는 저마다의 독특함보다 주변 사람들과 비슷한

『여중생A』 | 허5파6
비아북 | 2017

점을 훨씬 더 많이 갖고 있기 때문입니다. 서로 닮은 존재
들이 손잡고 연대하는 것은 버거운 짐을 나누어 지는 가
장 효과적인 방법이자 끝내는 그 짐을 극복하기 위한 담
대한 첫걸음이 될 것입니다.

　이 만화를 정치적으로 읽는다면 어떨까요? 언뜻 이
모든 좌충우돌의 시간은 미래의 성장기를 다룬 아주 사적
인 이야기처럼 보입니다. 그러나 우리가 손을 맞잡을 때
야 비로소 정치의 공간이 열립니다. 나와 친구가 어떤 공
통의 불행 안에 놓여 있는가를 상상하고, 그 불행을 지탱
하는 여러 조건을 마주하는 것, 그리하여 마침내 그 조건
을 바꾸어 내는 것. 정치가 가진 무한한 가능성의 힘은 바
로 여기에서부터 시작됩니다.

소년소녀
정치탐구
2

거리의 변호사에서 거리의 국회의원으로

+

신영복, 『감옥으로부터의 사색』

: 박주민 : 국회의원

카페인을 달고 삽니다. 쪽잠을 자며 간간이 피로를 풉니다. 일이 고돼도 남을 도울 수 있을 때 희열을 느낍니다. 세월호 변호사, 거지갑, 박주발의, 심지어 입법 프린스까지 별명이 많습니다.

2003년 45회 사법 시험에 합격해 변호사가 됐습니다. 법무법인 한결, 이공에서 공익 활동에 주력했고, 2012년 민주사회를 위한 변호사 모임 사무차장을 맡았습니다. 2014년에는 세월호 가족협의회 법률 대리인으로 활동했습니다. 2015년에 참여연대 부집행위원장을 지냈습니다.

2016년에 20대 국회의원(은평구갑/더불어민주당)으로 당선되었습니다. 국회에서는 법제사법위원회, 여성가족위원회와 함께 정치개혁특별위원회 위원을 맡아 바쁘게 뛰고 있습니다. 2016년 촛불 정국에서는 국회 탄핵소추위원으로 일했습니다.

지은 책으로 『별종의 기원』, 『그래요 문재인』, 『대통령의 7시간 추적자들』, 『호모 레지스탕스』, 『시민을 고소하는 나라』 등이 있습니다.

해야 할 일도 하고 싶은 일도 많은데, 20대 국회 임기는 1/3이 지나 걱정이 많습니다. 민생 · 민주 · 안전을 향상시키기 위해 열심히 일하고 있습니다.

거리의 변호사에서 거리의 국회의원으로

'욕심껏' 공부하는 공붓벌레

지인들이나 뉴스, TV에서 저를 본 분들은 제가 욕심 없는 사람이라고 생각하곤 합니다. 서울대 법대를 나온 변호사면서 낡은 가방을 메고 광장에서 농성하는 시민들과 노숙도 하고, 소위 '돈'이 안 되는 일들을 맡아 왔기 때문일 것입니다. 그분들은 제가 자신을 희생하면서 살아왔다고 저를 위로합니다. 그러나 저는 그 누구보다 욕심껏 살아왔습니다. 타인이 원하는 방식에 맞춰 삶을 인위적으로 디자인하기보다는, 진짜 원하는 것이 무

소년소녀, 정치하라!

엇인지 고민해 왔습니다. 그것을 이루기 위해서는 밤과 낮을 가리지 않았지요. 원하는 것을 달성하기 위해 제 욕심껏 살고 있는 별종입니다.

어린 시절에는 장난꾸러기였습니다. 제가 살던 서울 중랑구는 당시 시골이나 다름없었기 때문에 논밭을 뛰어놀았습니다. 산만하게 교실을 돌아다니거나 책상 위에 올라가 선생님들께 혼나기도 했습니다. 성격은 적극적이었습니다. 내용을 몰라도 손을 들고 발표하겠다고 설치기 일쑤였습니다. 초등학교 2학년 때 예쁜 여학생이 '깡패 같은 남자'는 싫어한다는 말에 충격을 받고 공부를 시작했습니다. 그때부터는 늘 최상위권의 성적을 유지했습니다.

그런데 대원외고에 입학했을 때 제 성적은 700명 중 153등이었습니다. 자존감이 상할 정도로 충격이 컸습니다. 1980년대에는 정부의 과외 금지 조치가 있었습니다. 재학생의 과외와 학원 수강을 금지하는 정책이었습니다. 게다가 아버지는 공무원이어서 저는 꼼짝없이 혼자 공부할 수밖에 없었습니다. 결국 2학년 때부터는 10등 안에 들었습니다. 고등학교 3년간 '욕심껏' 공부했습니다. 외모에 신경 쓸까 봐 3년간 거울을 보지 않았습니다. 밥도 혼자 먹고, 수학여행에도 영어 단어장을 들고 갈 정도였지요. 고등학교 때 친구들은 별종인 저를 어떻게 생각할지 요즘

도 가끔 궁금합니다. 국회의원이 된 뒤에야 고등학교 동창이 페이스북에 쓴 글을 읽게 되었습니다. 저에 대해 '등교하면 하교할 때까지 하루에 세 번 정도 자리에서 일어나던 아이'로 기억한다고 했습니다.

공붓벌레가 거리의 변호사가 되다

1993년 봄, 새수 끝에 서울대학교 법과대학에 합격했습니다. 대학은 새로운 세계였습니다. 대학에 들어가서 처음으로 '사람을 좋아하는 법'도, '신문을 보는 법'도 알게 되었습니다. 머리

를 싸매고 프로이트의『정신분석 입문』이나 칼 융의『무의식의 분석』과 같은 심리학 고전을 읽으며 스스로를 돌아보았습니다. 친구도 사귀어 보고, 동기들과 토론도 해 보고, 뮤지컬 주연도 해 봤습니다. 그러다 대학 선배에게 이끌려 운동권 동아리인 〈법대 신문〉에서 활동했습니다. 농촌, 공장, 빈민촌, 철거 지역 같은 곳을 다니며 소외된 사람들과 함께하는 '거리의 대학생'이 되었지요. 그때의 경험이 지금의 저를 이끌어 가고 있습니다.

　원래 사회 운동을 하겠다고 마음먹었던 제가 변호사가 되기로 마음을 굳힌 작은 계기가 있었습니다. 대학교 4학년 때, 개발을 하느라 원래 살던 주민은 거의 나가고 네 집만 남은 신도림동의 작은 철거촌에서 철거민, 동기들과 함께 지냈습니다. 이들과 함께 갈 곳 없는 철거민들이 영구 임대 주택에 들어갈 수 있도록 구청장 면담을 요청했습니다. 그런데 구청장을 만나기는커녕 구청 안에 들어가 보지도, 면담 약속도 받지 못했습니다. 눈이 펑펑 오는데, 해가 질 때까지 온종일 구청장을 기다렸습니다. 그래도 서울대 법대 학생이라고 저를 믿었던 철거민들에게 아무런 도움이 되지 못했다는 무력감에 몹시 괴로웠습니다. 그때 변호사가 되어 어려운 사람들에게 힘이 되자고 결심했습니다.

　로펌에서 변호사 생활을 한 지 6년 차가 되었을 때 같이 참여연대 활동을 하던 변호사들과 '법무법인 이공'을 만들었습니다. 보다 나은 사회를 만들기 위해 법을 통한 표현의 자유를 옹호하고, 사회적 약자들의 권익을 보호하는 공익 변론에 집중하기 위해서였습니다. 2개월 뒤에는 '민주사회를 위한 변호사 모임'(민변)의 상근 사무차장을 맡게 되었습니다. 민변의 변호사들은 주로 시민들의 인권이 침해되는 현장에서 일했기 때문에 저역시 자연스럽게 '거리의 변호사'가 되었지요. 급여는 많지 않았습니다. 제가 일하던 로펌에 연수원생으로 실무 수습을 나왔던 짝꿍(아내)은 이미 전교조 상근 변호사로 일하고 있었으니, 우리 부부는 돈 버는 일은 일찌감치 포기한 셈이었습니다.

민변에서 일하면서도 평택 미군기지 이전 반대, 제주 강정 마을 해군기지 건설 반대 등의 싸움을 하는 현장에 자주 다녔습니다. 세월호 가족대책위 법률 대리인, 쌍용차 해고 근로자 법률 지원, 노무현 대통령 서거 당시 서울광장 차벽 설치 헌법소원, 한일군사정보협정 관련 정보공개청구소송, 양심적 병역 거부자 처벌 헌법소원, 고 백남기 어르신 물대포 직사 헌법소원 등 공익 변론을 했습니다. 촛불 집회와 관련해서 제기한 야간 집회·시위 금지 헌법소원은 사회적으로도 큰 이슈였고, 야간 집회를 금지하는 조항이 위헌이라는 좋은 결과를 얻어 냈습니다.

2015년 경찰이 '백남기 농민 진압 규탄 민중총궐기집회'를 금지한 것에 대해 집행 정지를 받은 것 역시 큰 의미가 있습니

소년소녀, 정치하라!

다. 경찰(혹은 국가)이 국민의 기본권인 집회의 자유를 보장해야
한다는 것을 다시 한번 상기한 판결이기 때문입니다. 이 사례
는 〈한겨레21〉이 선정한 그해 '좋은 판결' 2위에 오르기도 했습
니다.

세월호, 진실을 향한 항해

세월호. 2014년 4월 16일, 대한민국 하늘 아래에서 숨 쉬
던 사람이라면 누구나 마음 아프게 기억할 단어입니다. 세월호
가족들과 함께 수많은 낮과 밤을 거리에서 지냈습니다. 2015년
5월, 박근혜 정부가 가족들을 두 번 울리는, 문제점이 많은 세월
호특별법을 강행 처리하자 가족과 계속 거리 농성을 했습니다.
참가자들과 행진을 하다가 경찰에 의해 세 시간 이상 막혔던 적
이 있었습니다. 그때 폴리스라인 앞에 앉아 있다가 깜빡 잠들었
는데, 그 모습을 찍은 사진이 화제가 되기도 했습니다.

사실 저 말고도 많은 변호사들이 세월호 참사 현장과 안산
에 있었습니다. 그런데 많은 분들이 제게 '세월호 변호사'라는 별
명을 붙여 준 것이 멋쩍기도 하고, 감사하기도 합니다. 아마도 더
큰 책임감을 갖고 세월호의 진실을 향해 나아가라는 의미라고
생각합니다. 2014년 4월은 민변에서의 상근직을 마칠 즈음이었
습니다. 저는 민변에서 안산으로 파견되어 그곳에 상주하다시피

했습니다. 처음에는 사무실 구석에서 '꿰다 놓은 보릿자루'처럼 그저 가만히 서 있었습니다. 그러다가 가족들이 회의할 때 자리를 준비하고, 식사한 그릇을 치우기도 했습니다. 그 후 가족협의회 만드는 일을 돕고, 소소한 법률 자문을 하다가 특별법 협상까지 지원했습니다. 가족과 시민 단체의 연결 고리 역할도 했습니다. 그렇게 함께한 시간이 쌓이자 나중에는 '박주민 변호사가 한 말이면 믿는다.'는 신뢰 관계가 생겨났습니다.

세월호 가족들과 국회 본청 앞에서 4개월 동안 노숙 농성을 하면서 정치권에 대한 실망도 컸습니다. 뜨거운 여름, 건물 자동문 사이로 시원한 에어컨 바람이 흘러나왔지만, 가족 누구도 그 문으로 들어갈 수 없었습니다. 국회의원만 들어갈 수 있었기 때문에 가족들은 멀리 떨어진 후생관의 화장실을 이용해야 했습니다. 우리 국회가 국민을 어떻게 대하는지 실감했습니다. 그러나 한편으로는, 법이 제대로 만들어졌다면 국민들이 이렇게 고통받지 않을 것이라는 생각도 했습니다.

2016년 총선 즈음 문재인 당 대표의 인재 영입을 통해 정치에 입문하게 되었습니다. 당시 더불어민주당이 세월호 진상 규명과 책임자 처벌에 대해 강한 압박감도 갖고 있었을 것이고, 시민 사회 단체에서 민주당에 요청하기도 했던 것 같습니다. 영입 제안을 받고 많이 고민했습니다. 정치에 몸담을 생각은 없었지

소년소녀, 정치하라!

만, 당시 대다수의 여론은 민주당을 포함한 야당이 이번 총선에서 참패할 거라고 내다봤습니다. 그렇게 되면 지금까지 제가 해온 일들이 더 어려워질 것이기 때문에 고심 끝에 출마를 결심했습니다. 언론은 저를 약체 후보로 예측했습니다. 세월호 가족들은 선거 운동 현장에 와 궂은 일도 마다하지 않았습니다. 고 김관홍 잠수사님과 세월호 가족들이 자기들의 얼굴이 자주 비치면 표가 깎일까 봐, '도라에몽' 같은 탈을 쓰고 다니면서 투표를 독려했다는 이야기를 나중에야 들었습니다. 누군가 제 어깨를 두드려서 인사를 했는데, 탈을 벗으니 세월호 가족이었습니다. 가족을 잃은 분들이 웃는 모습의 탈을 쓰고, 허리를 90도 꺾어 인

사하며 했던 선거 운동을 생각하면 지금도 가슴이 먹먹합니다.

국회의원 당선 후, 저는 제1호 법안으로 '세월호특별법개정안'을 무려 129명 국회의원의 동의를 받아 발의했습니다. 이례적인 일이었습니다. 그러나 세월호의 진실을 밝히고 가족의 응어리를 풀어드리는 일은 아직도 쉽지 않습니다. 2016년 여름, 특별법 개정 협상에 의지를 보이지 않는 국회를 향해 가족들은 20여일간 단식 투쟁을 벌였습니다. 박근혜 정부가 방치를 넘어 방해까지 했던 세월호 참사 특별조사위원회 활동 기간이 결론 없이 흘러가는데, 정치권은 꼼짝도 하지 않았습니다. 저는 국회의원으로서 무력감을 느꼈습니다. 제도권 안에서 하는 일이 얼마나 어려운지 알았습니다.

'사회적 참사의 진상규명 및 안전사회 건설 등을 위한 특별법' 등을 추가로 발의했습니다. 수많은 사람의 건강과 생명을 앗아간 가습기 살균제 사건과 세월호 참사의 진실을 밝히고, 안전한 나라를 만들기 위해, 피해자에 대한 지원 방법을 점검하는 일에 국가가 앞장서야 한다는 내용입니다. 이 법안은 지난해 환경노동위원회를 통과하였지만, 법제사법위원회에서 수개월 농안 잠자고 있습니다. 지금은 국회에서 신속 처리 안건으로 지정되어 있고, 정부의 추진 의지도 강하기 때문에 올해 정기 국회에서는 통과될 것으로 보입니다.

소년소녀, 정치하라!

국회의원도 리콜 가능한가요?

앞에서 욕심껏 살고 있다고 말씀드렸듯이, 저는 국회에 와서도 욕심껏 일하고 있습니다. 국회에 들어와서 어떤 성과를 냈는지는 평가해 보아야겠지만, 제법 일들을 한 것은 사실입니다. 제20대 국회의 의원 평균 연령은 55.5세로 역대 최고령입니다. 북유럽 나라들은 20대 국회의원 수가 전체 의석의 10%를 넘습니다. 이런 나라들은 대부분 18세부터 선거권을 갖습니다. 심지어는 16~17세부터 투표가 가능한 나라도 있습니다. OECD 가입국 중에서 만 18세에게 선거권이 없는 나라는 한국밖에 없습니다. 젊은 국회의원은 그들 세대를 대변하면서 한편으로는 국가 공동체의 미래를 열어 갈 사람이기 때문에 꼭 필요한 존재입니다.

저는 국회의원을 리콜할 수 있는 '국민소환제'라는 법안도 발의했습니다. 촛불 집회에 얼마나 많은 시민들이 광화문을 메웠나요? 광장은 '대한민국의 주권은 국민에게 있고, 모든 권력은 국민으로부터 나온다.'라는 헌법 제1조 정신을 실현한 장소였습니다. 그 열정으로 탄핵을 이뤄 냈습니다. 촛불 시민의 열정으로 나라를 바로잡았지만, 지난 몇 달간 국회는 달라진 모습을 보여 주지 않고 있습니다. 국민 다수의 뜻이나 여론과는 동떨어진 정쟁을 위한 정쟁, 반대를 위한 반대를 일삼았습니다. '주민소환에 관한 법률'은 지방자치단체의 장과 지방의회 의원이 위법 행위를 하거나 직권 남용을 저지를 경우 주민들이 소환하고 투표로 해임할 수 있는 법입니다. 국민이 정치인을 통제하고 직접적으로 정치에 참여할 기회를 열어 두고 있지요. 심지어 대통령도 탄핵할 수 있습니다. 그러나 국회의원만은 무풍지대입니다. 이런 상황이 국민의 뜻을 무시하는 국회, 선거 때만 나타나는 국회의원을 만들었습니다.

국회의원을 해임할 수 있는 '국민소환제법'은 발의된 후에도 한참 동안 논의조차 못 되고 있었습니다. 결국, 네티즌들이 보다 못해 7월 13일 '국민소환제법'을 통과시켜 달라는 온라인 청원 운동을 시작했습니다. 삼삼오오 SNS로 퍼졌던 온라인 청원 운동은 한 달도 채 안 되어 10만 명을 돌파했고, 현재 13만 명 이상이 참여하고 있습니다. 지난 5월 대통령 선거에서 주요 정당의 대선 후보들은 모두 국민소환제 도입을 공약으로 발표했습니다. 여야 모두 그 공약을 지킨다면, 국민소환제법은 20대 국회 내에 통과되지 않을까 기대해 봅니다.

선거가 바뀌어야 민주주의가 바뀝니다

청소년 여러분에게 보내는 글이니, 다시 한 번 '18세 참정권' 이야기로 돌아가 보겠습니다. 우리나라 헌법 제24조는 '모든 국

민은 법률이 정하는 바에 의하여 선거권을 가진다.'라고 규정하고 있습니다. 이에 따라 공직선거법에서는 만 19세 이상의 성인에게 결격 사유가 없는 한 선거권을 부여하고 있습니다. 국회의원의 경우 피선거권, 즉 선거에 나갈 수 있는 권리가 만 25세 이상으로 규정되어 있고, 대통령의 경우는 만 40세입니다.

선거 연령 인하에 찬성하는 쪽은, 만 18세이면 독자적인 판단력을 가지고 있고 정치적 입장을 분명히 할 수 있다고 주장합니다. 게다가 최근에는 인터넷을 통해 각종 정보를 빠르게 습득하거나 교류할 수 있고, 교육 수준도 과거에 비해 훨씬 높아졌습니다. 실제 지난해 광화문 촛불 집회에는 많은 중고생이 교복을 입고 시위에 참여하기도 했습니다. 앞서 말씀드린 대로, 대부분의 나라에서는 선거 연령을 만 18세로 규정하고 있습니다. 그뿐만 아닙니다. 만 18세가 되면 운전면허 취득이 가능하고, 자기 의사로 결혼도 가능합니다. 병역과 납세의 의무까지 부과됩니다. 의무가 있으면 권리도 있어야 한다는 것입니다. 병역법, 근로기준법 등이 이미 만 18세 이상의 국민을 그 적용 대상으로 하고 있는데, 굳이 선거권만 부여하지 않을 이유가 없다는 것입니다.

저는 선거 연령 인하 법안 외에도 선거법 개정안을 발의했습니다. 정치적 표현의 자유를 확대하기 위해 인터넷 실명제 규정을 삭제하고, 허위 사실 유포죄나 후보자 비방죄와 같은 애매

한 처벌 규정을 재정비하는 내용입니다. 선거 때 거짓말을 유포하거나 후보자를 비방하는 일을 방지하는 것이 옳다고 생각할 수 있습니다. 그러나 실제 선거 현장에서는 이러한 법 조항이 악용되어, 유권자가 자유롭게 후보자를 비판하거나 평가하는 행동을 위축시킵니다. 대의 민주주의가 작동하기 위해서는 선거에서 가장 좋은 후보를 선출해야 하는데, 후보자를 검증하는 과정에서 오히려 유권자가 고발, 고소당하는 경우가 많습니다. 유권자들의 건강한 토론과 정치적 의사 표현을 막는 이러한 법 조항은 고쳐야 한다는 것이지요. 뿐만 아니라, 공무원이나 교원, 즉 선생님들도 일정한 정도의 정치 활동을 할 수 있도록 하는 법안도 발의했습니다. 민주주의 꽃인 선거 제도가 국민에게 가장 유리하게 만들어져야 하기 때문입니다.

부끄러움을 과거로 만드는 직진의 삶

문화체육관광부 장관인 도종환 시인은 「부드러운 직선」이라는 시를 썼습니다. 우리나라 전통 한옥의 추녀를 '부드러운 직선'으로 표현했습니다. 추녀의 나무들은 처음부터 휘어 있었던 것이 아닙니다. 곧은 나무로 만들어졌지만, 너무나 아름답게 휘어 있는 그 모습을 "한 생애를 곧게 산 나무의 직선이 모여 가장 부드러운 자태로 앉아 있는"이라고 묘사하며 시를 끝냅니다.

소년소녀, 정치하라!

유시민 작가는 "정치는 짐승의 비천함을 감수하면서, 야수적 탐욕과 싸워 성인의 고귀함을 이루는 위대한 사업"이라고 쓴 적이 있습니다. 법안 하나를 통과시키려고 해도, 동료 의원들의 동의를 구해 공동 발의를 하고, 때로는 다른 당 의원들을 설득해서 동의하도록 만들어야 합니다. 싸우는 것보다 화해하는 것이 더 어려울 때가 있지만, 그렇다고 해서 저의 원칙을 포기할 수는 없습니다. 정치인이 되니 제가 거리에서 외친 목소리에 반만 힘을 주어도 몇 배나 더 크게 메아리가 생깁니다. '욕심껏' 살아온 제가 1분 1초라도 더 열심히 일해야겠다고 '욕심'을 부리는 이유입니다.

청소년 시기 저는 공붓벌레 학생이었습니다. 철거민촌의 대학생, 거리의 변호사로 살아오다가 이제 국회의원이라는 낯선 존재가 된 제 자신을 돌아봅니다. 매번 부족하고 부끄럽게 살아왔지만 언제나 똑바로 가는 삶을 살겠다는 신념에는 변함이 없습니다. 두려움 없이 성큼성큼 가고 싶은 길을 가다 보면 부족함과 부끄러움은 모두 과거가 됩니다. 별종이라도 괜찮습니다. 청소년 여러분 역시 아무리 어렵더라도 똑바로 가는 삶을 살기 바라는, 제 마음을 전하면서 글을 끝냅니다.

열린 마음으로 타인을 바라보게 한 나침반

신영복, 『감옥으로부터의 사색』

신영복 선생님이 쓴 『감옥으로부터의 사색』은 선생님
이 감옥에 있을 때 밖으로 보냈던 서한 등을 묶은 책입니다.
감옥은 좁고 불편한 곳, 그리고 무엇보다 범죄를 저지른
무서운 사람들이 모여 있을 거라 생각하게 됩니다. 이 책
은 바로 그런 곳에서 사람들을 이해하고 사랑하는 이유와
방법에 대해 선생님이 고민했던 과정과 내용을 담고 있습
니다.

고등학교 때 공부만 하느라 인간적인 성숙과는 거리
가 멀었던 저는 대학에서 다양한 사람들을 만나면서 많이
힘들었습니다. 사람들에게 어떻게 다가가야 할지, 어떻게
교류해야 할지 전혀 몰랐기 때문입니다. 또 사람들과 만
나면서 생겨나는 가슴속의 다양한 감정을 다루는 방법도

소년소녀, 정치하라!

「감옥으로부터의 사색」| 신영복
돌베개 | 1998

몰랐습니다. 스스로 느끼는 감정을 절대화하지 말고 남의 입장에 서 보아야 한다는 교훈. 누구도 완벽할 수는 없다는 인간의 한계에 대한 겸손함과 인간은 언제든지 변할 수 있다는 가능성에 대한 믿음. 이 책은 제 자신을 돌아보게 하고, 열린 마음으로 타인을 바라볼 수 있게 하는 하나의 나침반이 되었습니다.

　수험 공부에 지치고 갑갑할 수 있는 중·고등학교 시절. 자기 본연의 모습을 발견하고, 넓고 깊은 생각을 키우고 싶을 때 이 책이 도움이 되리라 생각됩니다. 한 편씩 짧은 글들로 이루어져 있어 틈틈이 편하게 읽을 수 있으니, 바쁘더라도 꼭 읽어 보길 권합니다.

우리가 우리 삶의 주인이기 때문에

+

하명희, 『나무에게서 온 편지』

: 공현 : 청소년 운동가

조금 삐딱하게 사는 것이 습관입니다. 대학 거부자이자 병역 거부자인데, 지문 날인 거부는 못 해 아쉽게 '거부 3관왕'을 달성하지 못했습니다. 2005년 고등학교 때, 두발 자유 운동을 하며 본격적으로 청소년 운동을 시작했고 10년이 넘게 계속하고 있습니다. 학생인권조례 제정 운동, 청소년 참정권 운동, 입시 경쟁 교육 반대 운동, 대학 거부 운동 등을 했습니다. 다른 이들과 함께 쓴 『인물로 만나는 청소년운동사』, 『우리는 현재다─청소년이 만들어온 한국 현대사』에서 청소년 운동과 청소년 정치 활동의 역사를 정리했고, 『인권, 교문을 넘다』, 『가장 인권적인, 가장 교육적인』에서는 학생 인권 문제를 논했습니다. 격월간 <오늘의 교육>을 만드는 일을 하고 있으며, 최근에는 청소년 운동의 이론 보급과 청소년 운동 대중 조직 만들기에 골몰하고 있습니다.
라면을 좋아하고 탄수화물과 당과 카페인의 힘으로 글을 써내는지라 오래 살 수 있을지 의문입니다.

☆ No. 3 ☆

 # 우리가 우리 삶의 주인이기 때문에

마음대로 정한 등교 시간 거부

고등학교 3학년이 되고 1학기를 거의 지난 7월쯤이었다. 원래 학교의 등교 시간은 아침 7시 40분까지였다. 그런데 학교에서는 갑자기 3학년만 등교 시간을 7시 20분으로 당기겠다고 했다. 단지 아침에 자율 학습을 더 시키기 위해서였다. 안 그래도 이른 등교 시간을 2년 동안 지키느라 힘들었는데 갑자기 20분이나 더 일찍 학교에 오라니. 무엇보다도 학생들과는 아무런 논의 없이 교사들끼리 일방적으로 결정했다는 사실에 화가 났다.

소년소녀, 정치하라!

그래도 학생들이 요구해서 등교 시간 문제에 대해 공청회가 열리긴 했다. 공청회가 열리던 날, 학생들의 불만과 요구에는 아랑곳없이 등굣길에 '감시역'을 서던 교사는 당겨진 등교 시간을 기준으로 지각생들을 잡고 있었다. 그 모습에 화가 난 나는 충동적으로 가방에서 노트를 꺼내, "마음대로 정한 등교 시간 거부"를 휘갈겨 쓰고 교문 안쪽에서 1인 시위를 시작했다.

등굣길에 서 있던 교사는 "그 자리는 지각한 애들 벌 세우는 자리니까 거기 서 있을 거면 너도 앉았다 일어났다 벌을 받으면

55

서 서 있어."라고 말했다. 나는 '앉았다 일어났다' 기합을 10여 분 동안 200번 넘게 했다. 그 명령은 당연히 부당한 것이었다. 그러나 악에 받쳐서, 한편으로는 등교하는 학생들에게 일종의 '희생자'로 보이기 위해 노트를 든 채 끝까지 해냈다. 상황은 나와 친분이 있던 교사가 나를 교무실로 데리고 가는 것으로 일단락되었다.

물론 등교 시간을 바꾼다는 결정은 철회되지 않았다. 학생들이 공청회를 통해 여러 의견을 냈지만, 학교에서는 아무런 반응이 없었고 등교 시간은 계속 7시 20분이었다. 등굣길에 서 있던 교사는 내게 학생들에게 "학교에 대한 부정적 인식을 주었다."며 화냈다. 어느 교사는 "학생 대표를 통해 의견을 내야지, 그런 방식으로 의견을 표출하면 안 된다."고 나무라기도 했다. 그래도 그 일이 남긴 것이 허벅지의 근육통과 교사들의 분노만은 아니었다. 그렇게 항의의 목소리를 낸 것이 대단하다고 박수를 쳐 준 친구도 있었고, 그 모습을 본 1, 2학년 학생들 중 몇몇은 고생했다며 걱정해 주고 이후 청소년 인권을 위한 활동에 함께하기도 했다. 그렇지만 등교 시간 문제의 당사자였던 3학년 학생들 대다수는 '불만은 있지만 어쩔 수 없지.' 하며 넘어갔다. 고 3이니 공부와 입시 준비만으로도 바빴고, 불만이 있더라도 학교에서 정한 대로 따르는 것 말고 별수 없다는 무력감을 오랜 동안

소년소녀, 정치하라!

학습하고 있었기 때문이다. 나중에는 잘 준비하고 계획해서 거부 운동을 전개해 봤으면 어땠을까 하는 생각도 했다. 그러나 한편으로는 고3의 여건상 할 수 있는 것은 얼마 없었을 거라는 생각도 든다.

자기결정권과 참여권

내가 겪은 등교 시간 문제처럼, 우리 삶의 문제인데도 우리가 스스로 결정할 수 없는 일들이 있다. 그런데 청소년의 경우에는 그런 일이 훨씬 더 많다. 가정이나 학교에서 청소년들은 옷차림, 머리 길이나 외출 시간 같은 사적인 부분까지 규제를 당하곤 한다. 어른들은 선거와 정당 활동 등을 통해 법률이나 국가 정책에 영향을 미칠 수도 있지만, 청소년들에겐 많은 자유와 정치 활동이 금지되어 있다. 결국 청소년의 '자기 결정권'과 '참여권'을 보장받지 못하고 있다.

자기 결정권은 모든 사람이 가진 인권이다. 사람이 사람답게 그리고 자유롭게 살기 위해서는, 삶의 주인이 되어야 하고 스스로 결정할 수 있는 권리가 필요하다. 자기 결정권은 오늘 점심밥은 뭘 먹을지, 어떤 옷을 입을지, 누구와 친하게 지낼지 같은 일상의 선택에서부터, 미래 진로를 결정하거나 어떤 가치관을 가지고 살아갈지 같은 삶의 큰 문제에 이르기까지 필요한 권리이다.

사람은 다른 사람들과 함께 사회에서 살아간다. 따라서 등교 시간 문제처럼 나의 문제이면서 동시에 다른 사람들이 관련된 문제들이 있다. 이런 공동의 문제에 대해서는 여럿이 같이 결정할 수 있어야 하고, 관련된 사람들이 결정 과정에 참여할 권리 또는 참정권(보통 참여권 중에서도 국가나 지방자치단체의 일에 참여하는 권리를 참정권이라고 부른다.)을 보장받아야 한다. 나는 내 삶의 주인이고, 민주주의 사회에서는 우리 모두가 사회의 주인이기 때문이다.

참여권은 나이와 상관없는 권리이다. UN이 정한 어린이·청소년의 인권에 관한 국제 협약인 '아동권리협약'(아동권리협약에서 말하는 아동은 18세 미만 또는 각 나라에서 '미성년자'나 '아동'이라고 정하는 사람들을 말한다.)에는 아래와 같은 조항이 있다.

아동권리협약 제12조
(협약에 가입한 나라는) 자신의 견해를 형성할 능력이 있는 아동에 대하여 본인에게 영향을 미치는 모든 문제에 있어서 자신의 견해를 자유롭게 표현할 권리를 보장하며, 아동의 견해에 대하여는 아동의 연령과 성숙 정도에 따라 정당한 비중이 부여되어야 한다.

즉, 어떤 문제에 대해 자기 의견을 가지고 있다면 누구나 이야기할 수 있고, 사회는 그 의견을 무시하지 말아야 한다는 것이

소년소녀, 정치하라!

다. 한국은 1991년에 아동권리협약에 가입했다. 하지만 한국 사회는 아직도 청소년의 참여권·참정권에 대해 거부감을 나타내면서 권리를 제한하고 있다. 그래서 청소년들은 학교에 다니는 당사자이지만 등교 시간을 정하는 데 참여할 수조차 없는 게 현실이다.

생각하고, 말하고, 모이고

의사 결정 과정에 참여하고 함께 결정하기 위해서는 먼저 필요한 것이 있다. 바로 우리가 자유롭게 생각하고, 말하고, 들을 수 있는 권리, 그리고 다른 사람들과 뭉치고 함께 행동할 수 있는 권리이다. 사람들이 자기 생각을 표현하고 설득해 다른 사람의 생각을 바꾸거나, 같은 생각을 하는 사람들과 힘을 모을 수 없다면 결정 과정에 제대로 참여하기 어렵다. 이미 정해진 방식으로만 의견을 내라고 한다면 다른 사람들을 설득해 힘을 합칠 기회를 막기 때문에 실질적으로는 참여를 가로막는 것이다. 혼자서 할 수 있는 일에는 한계가 많기 때문이다. 학교에서 학생들에게 오로지 학급 회의나 학생회장 등을 통한 건의만 허락하는 것이, 사실상 학생들이 학교를 바꾸기 위해 나설 수 있는 가능성을 차단하는 일인 것처럼 말이다. 이런 이유로 우리나라 헌법에서도 양심·사상·종교의 자유, 언론·표현의 자유, 집회·결사의 자유를 중요한 정치적 권리로 보장하고 있다.

선거나 정당에 관련된 경우를 제외하면, 청소년의 언론·표현의 자유나 집회·결사의 자유를 특별히 금지하는 법률은 없다. 하지만 청소년의 정치적 자유는 제대로 보장되지 않는 일이 많다. 가장 대표적인 걸림돌은 학교의 규칙이나 관행이다. 대다수 초·중·고등학교에서는 학생들이 학교를 비판하는 내용이나 정치적인 주장을 담은 홍보물을 나눠 주는 것을 금지하거나, 사전에 검사받을 것을 요구한다. 학교 신문이나 교지 등에 학교를 비판하는 내용을 싣는 것도 검열당한다. 아예 교육부 차원에서 학생이 정부를 비판하는 문구를 새긴 배지 등을 달거나 집회에 참가하는 것이 잘못이라며 이를 '지도'하라고 학교에 지시한 사건도 있었다. 또한 학생들이 정치적인 집회나 행사에 참가할 때 정부가 교육청 직원이나 교사를 동원해 집회 참가를 감시하거나, 학교를 통해 압력을 가한 사례들도 있다.

나 역시 고등학교에서 자율 학습 참가 강요를 비판하는 벽보를 붙였다가 교사에게 불려가서 또 그런 일을 하면 징계하겠다는 위협을 받은 적이 있다. 체벌을 비판하는 전단지를 기숙사 로비마다 두었다가 벌점을 받았던 적도 있다. 그 뒤로 두발 자유를 주장하는 전단지를 교실 곳곳에 배포했을 때는 들키지 않기 위해 준비를 많이 해야 했다. 혹시나 학교에서 지문이라도 검사

소년소녀, 정치하라!

할까 봐 장갑을 꼈고, 새벽부터 학교에 가서 감시 카메라(CCTV)를 피해 가며 움직였다. 생활 지도부 교사가 나를 불러서 추궁했을 때도 시치미를 뗐다. 자신의 주장을 알리는 일을 할 뿐인데, 마치 첩보 영화 등장인물처럼 몰래 행동해야 했던 것이다.

그동안 이런 부당한 일에 맞서 표현의 자유와 집회의 자유를 보장받기 위해 노력해 온 청소년들이 여럿 있었다. 2007년 5월, 울산에 있는 한 중학교에서는 150여 명의 재학생들이 점심 시간에 운동장에 모여서 '두발 자유', '청소년 인권'이 적힌 종이 피켓을 들고 시위를 했다. 학생들은 두발 규제와 체벌, 휴대 전화 압수 등을 없애라고 외쳤다. 하지만 교사들은 폭력으로 응답했다. 학생들을 위협하여 시위를 강제로 중단시켰다. 오후에는 학생들을 강당에 모아 놓고 시위에서 적극적 역할을 했다고 생각한 학생들을 끌어내 발바닥을 때렸으며, 학생들을 징계하려고 했다.

참여할 권리를 침해당한 학생들은 청소년 인권 단체와 함께 국가인권위원회에 진정을 냈다. 국가인권위원회는 학생들에게도 집회의 자유, 표현의 자유가 있으며 학교의 행동은 인권 침해라고 결정했다. 이 밖에도 학생들이 학교 규칙을 바꾸기 위해 서명 운동을 하거나 사회 문제에 대해 벽보를 붙였을 때 학교가 이를 탄압하자 국가인권위원회, 교육청, 법원에서 학교가 잘못했다고 결정한 사례들이 많다. 그렇지만 아직도 상당수 학교에서는 학생들의 정치적 자유를 억누르는 일이 빈번하다.

이와 같은 직접적인 탄압이 아니더라도, 청소년들의 정치적 활동은 그리 좋은 소리를 못 들을 때가 많다. "아직 어린 게 뭘 아느냐.", "공부나 해라." 소리를 듣는 건 흔하다. 때로는 '어른들에게 조종당하는' 것 아니냐는 부당한 의심을 받기도 한다. 어른들과 의견이 달라서 논쟁을 하다가 버릇이 없다, 어른에게 말대꾸한다는 소리를 들어 본 청소년들이 많다. 청소년을 사회의 평등한 시민으로 생각하지 않기 때문이다. 어리다며 무시하고 차별하는 문화도 청소년들이 자유롭게 생각하고, 말하고, 모이고, 참여하는 것을 가로막고 눈치를 보게 만든다.

함께 결정하자!

한국은 '대의제 민주주의'를 시행하고 있다. 그래서 우리는 선거로 뽑은 대통령과 국회의원, 시장·군수, 도지사, 시의원·도의원 등에게 많은 권한을 준다. 선거를 통해 그들의 정책이나 행동을 정기적으로 평가하고 교체한다. 선거에 참여할 수 있는 권리는 매우 중요한 권리이다. 국민이 직접 대표자를 선출하거나 바꾸고 정책을 결정할 수 있는 권리이기 때문이다. 물론 우리가 정치에 참여하고 목소리를 낼 수 있는 방법은 많지만, 선거는 많

소년소녀, 정치하라!

은 것을 비교적 확실하게 바꿀 수 있는 수단이다.

많은 나라에서 선거권과 피선거권을 나이에 따라 제한하고
있다. 한국은 만 19세가 안 된 청소년은 선거에서 투표할 수 없
다. 만 25세가 안 된 청소년·청년은 선거에 후보로 출마할 수 없
다. 그뿐만이 아니다. 공직선거법에서는 선거권이 없는 청소년은
'선거 운동'을 할 수 없다고 금지해 놓았다. 그래서 청소년은 인
터넷에 특정 후보를 뽑아 달라는 글을 쓰기만 해도 선거법을 위
반하는 상황이 된다. 또한 선거에 참여하고 정치 활동을 하기 위
해서는 '정당'이 중요한데, 정당법에서는 선거권이 있는 사람만
정당의 구성원이 될 수 있다고 정해 놓았다. 결국 청소년은 누구
를 뽑을 수도 없고, 뽑힐 수도 없으며, 누구를 뽑자고 말할 수도
없고, 선거를 하고 정치를 하기 위한 조직에 가입할 수도 없다.

그래서 선거권·피선거권 제한 연령을 낮추고, 선거 운동과
정당 가입을 못 하게 한 법을 개정하자는 운동이 계속되고 있다.
특히 대부분의 나라에서는 선거권 제한 연령이 만 18세여서 한
국도 만 18세로 바꾸자는 주장이 오래전부터 제기되었다. 그러
나 한쪽에서는 만 18세면 고등학생이나 청소년이 포함된다는 이
유로 선거권 제한 연령을 바꾸는 데 반대하고 있다. 청소년은 정
치하면 안 된다는 생각을 가진 사람들이 적지 않은 것이다.

이처럼 청소년 중 일부에게라도 선거권을 확대하는 것은 중

요한 일이지만, 참정권이 꼭 선거권의 형태로 보장되는 것은 아니다. 독일과 프랑스를 비롯해 몇몇 나라들에서는 선거권을 갖지 못한 청소년의 참정권을 보장하기 위해서 지역에 '청소년 의회' 제도를 두고 있다. 청소년들이 선거를 통해 자신을 대표할 의원들을 뽑고, 이렇게 뽑힌 의원들이 청소년을 위한 정책을 만들고 법안을 발의하며 정책에 대해 의견을 낸다. 한국에도 청소년특별위원회 등과 같은 청소년 참여 기구들이 있다. 하지만 많은 청소년이 그 존재조차 잘 모르고 있다. 청소년이 대표자를 직접 뽑는 대신, 학교장이나 청소년 관련 기관에서 추천을 받아 신청하면 정부에서 선발하는 방식으로 구성하기 때문이다. 또한 이런 기구들은 대부분 정책을 건의할 수 있을 뿐 만들고 실행할 수 있는 권한이 없다. 청소년 참정권을 실질적으로 보장하지 못하면서 모양새만 갖춘 참여 기구는 장식품이나 다름없다.

국가와 지방자치단체만이 아니라, 많은 청소년이 생활하는 학교에서도 청소년들의 참여를 보장하는 것이 중요한 문제이다. 학교 운영 방식을 결정하는 과정에 학생 대표들이 참여하여 함께 결정할 권리를 보장하도록 법을 바꾸려는 운동도 있었다. 만일 그렇게 된다면 등·하교 시간, 방학과 시험 등 학교의 연간 일정, 학교 규정, 교직원 인사, 급식과 시설 문제 등 다양한 일에 학생들의 의견이 반영될 수 있을 것이다. 예를 들어, 학생 자치 조

소년소녀, 정치하라!

직인 학생회를 학생들의 여론을 반영하고 권익을 주장하는 조직으로 만들고, 학생회가 학교 운영에 권한을 갖고 참여할 수 있다면 학교에서 민주주의와 참정권이 보장될 것이다. 그리고 노동조합이나 이익 단체들처럼 학생회들이 연합하고 많은 학생이 가입한 조직을 만들어서 교육 정책과 교육 과정을 정하는 데 참여하고 의견을 내는 모습도 상상 가능하다. 이를 위해서는 청소년들의 공부 부담은 줄고, 자유 시간이 늘어서 삶의 여건이 나아져야 한다.

"무력감을 느끼면 민주주의가 아니다"

미국 작가인 더글러스 러미스는 그의 책『경제성장이 안 되면 우리는 풍요롭지 못할 것인가』에서 "무력감을 느끼면 민주주의가 아니다."라는 말을 했다. 사람들이 자신의 힘으로 사회의 문제점을 바꿀 수 있고 이 과정에서 함께 결정한다고 느낄 수 있어야 민주주의라는 이야기다. 이 말을 청소년의 참정권 문제와 관련해서 곱씹어 보면 좋겠다. 학교, 가정, 또는 사회에서 무력감을 느끼고 있는 청소년들은 과연 민주주의 사회에 살고 있다고 할 수 있을까?

뒤집어서 생각해 보면, 참정권을 보장받는 청소년은 무력감에서 벗어나 자기 삶의 주인으로서 살아 있음을 실감하고 가치와 행복을 느낄 수 있다는 것이다. 나는 고3 때 등굣길에 "마음대로 정한 등교 시간 거부"라고 쓴 노트를 들고 서 있으면서, 부당하다고 생각한 일에 침묵하지 않고 말했다는 것에 보람을 느꼈다. 비록 등교 시간을 바꾸진 못했지만 적어도 침묵하지 않고 항의했던 행동이 나를 무력감에서 벗어나게 했다. 그렇게 목소리를 내면서 함께 활동할 사람들을 만날 수 있었다. 청소년 인권에 내해 이야기하고, 직접 행동하면서 행복을 느꼈다. 부당한 일을 바꾸는 활동에 참여하고 함께 결정하면서 작으나마 바꾸어가는 기쁨도 분명 중요하다. 하지만 결과와 상관없이 내가 이 사

소년소녀, 정치하라!

회에서 주체적 시민으로서 의미 있는 일을 하고 세상을 바꾸려고 노력하고 있기에 느끼는 행복도 크다. 참정권은 우리가 자기 삶의 주인이 되기 위해서, 행복을 추구하며 충실하게 살기 위해서 꼭 필요한 권리이다.

흔히 청소년들은 덜 자라서, 미성숙해서 정치를 할 수 없다는 이야기를 듣곤 한다. 그러나 정치는 우리가 사람답게 살기 위해 꼭 필요한 것이다. 어차피 모든 사람은 완벽하지 않고 성숙과 미성숙을 가르는 기준 역시 나이만으로 판단할 수 없다. 우리가 스스로 생각하고 있다면, 우리의 문제에 대해 할 말이 있다면, 참여하고 싶다면, 나이와 상관없이 그럴 권리가 있어야 한다. 우리가 우리 삶의 주인이 되기 위해서.

세상을 바꾸려던 청소년들

하명희, 『나무에게서 온 편지』

1980년대에는 군사 독재를 내쫓고 민주주의를 이루기 위해, 많은 운동이 활발하게 벌어졌다. 1987년에는 대통령 직선제와 언론의 자유 등을 얻어 냈고, 노동자들이 노동조합을 만들고 노동자의 권리를 얻기 위해 싸웠다. 1989년에는 교사들이 참교육 실현을 외치며 전국교직원노동조합(전교조)을 만들었다가 1,000명 넘는 교사가 해고되었다. 1991년에는 대학생 강경대가 시위 진압을 하던 경찰들에게 맞아 죽었다. 그리고 이 파란만장한 역사 속에는 당연히 청소년들도 있었다.

소설 『나무에게서 온 편지』는 1990년과 1991년을 배경으로 고등학생들의 사회 운동을 소재로 삼고 있다. 대학생 운동과 구분하여 '고등학생 운동'이라고 불렀던 이

소년소녀, 정치하라!

『나무에게서 온 편지』 l 하명희
사회평론아카데미 l 2014

운동은 민주화와 애국을 논했고, 학교와 교육을 바꾸기 위해 행동했으며, 전교조를 만들다 쫓겨난 교사들을 지키기 위해 투쟁했다.

본인이 고등학생 운동 활동가이기도 했던 저자 하명희는 그 시대 속 청소년들의 모습을 그려 낸다. 탄압을 피해 몰래 활동해야 했던 어려움, 학교와 국가와 세상의 폭력과 검열을 두려워하고 고민하면서도 계속 살아가야 했던 이야기들을 진솔하게 전한다. 청소년이고 고등학생이었기 때문에 더 많은 것을 감당해야 했던, 또 기억되지 못했던 그들의 이야기를 통해 가까운 역사 속에 이미 존재했던 청소년들의 정치적 고민과 실천들을 만나 볼 수 있을 것이다.

방송사 파업과 무한도전 불방 사이

\+

이노우에 다케히코, 『슬램덩크』

: 김민식 : MBC PD

1987년에 한양대학교 자원공학과에 입학했으나 엔지니어가 되기엔 학점이 부족했고, 1992년에 한국 3M에 영업직으로 입사했으나 영업을 하기엔 끈기가 부족했고, 1995년에 한국외국어대학교 통역대학원에 입학했으나, 통역사로 먹고살기엔 시트콤을 너무 좋아했습니다. 결국 1996년 MBC 공채로 예능 PD가 되었고, 2006년 사내 공모로 드라마 PD로 옮겼습니다. 2011년 MBC 노동조합 부위원장이 되어 170일간 파업 프로그램을 연출했습니다.

모두가 행복한 나라를 위해서는 정치와 언론이 바로 서야 한다고 믿고, 이를 위해 글을 쓰고 강연을 다닙니다. 재미난 로맨틱 코미디 드라마로 다시 시청자를 만나는 게 꿈입니다. <뉴 논스톱>, <내조의 여왕>, <글로리아> 등의 작품을 연출했으며, 지은 책으로는 『영어책 한 권 외워봤니?』가 있습니다.

 ## 방송사 파업과
무한도전 불방 사이

가슴이 울었기 때문에 파업에 나선다

안녕하세요. MBC 드라마 피디 김민식입니다. 2017년 9월 4일, MBC와 KBS 양대 방송사의 노동조합이 총파업을 시작했습니다. 두 달 전 7월, MBC 〈PD 수첩〉 제작진이 노동 문제를 다룬 방송 기획안을 내자 윗선에서 막았습니다. 이에 피디들이 제작 거부에 나서면서 몇 주째 〈PD 수첩〉이 불방되는 일이 벌어졌지요. 지난 몇 년간 간부들이 〈PD 수첩〉을 어떻게 검열하고 망쳤는지 증언이 잇따르자 〈시사매거진 2580〉 기자들이 나섰어요. 자신들도 똑같은 방식으로 제작 자율성을 침해당했다며, 함께 제작 거부에 들어갔습니다. 회사에서는 해당 피디와 기자들에게 대기 발령을 내며 중징계를 예고했습니다. 그러자 보도국 기자들이 '우리도 징계하라'며 제작 거부에 동참했고요. 지역 MBC 기자들도 본사에 기사 보내기를 거부합니다. 뉴스와 라디오를 진행하던 아나운서들도 제작 거부에 들어갔습니다. 라디오에서는 디제이의 진행 없이 노래만 나왔어요. 언론노조 MBC 본부는 총파업 돌입 여부를 투표에 부쳤고, 투표율 95%, 찬성률 93%라는 사상 최고의 찬성률을 기록하며 총파업에 돌입하게 되었습니다.

청소년 여러분에게 방송사 파업과 관련한 최대 관심사는 〈무한도전〉의 방송 여부가 아닐까 싶습니다. 방송사 노조가 보도의 공정성을 문제 삼아 파업하는데 왜 예능 프로그램인 〈무한도전〉이 불방되는 걸까요? MBC 뉴스는 안 해도, 〈무한도전〉은 방송했으면 좋겠다는 사람도 많습니다. 2012년 MBC 노조가 170일간 파업했을 때는 6개월간 〈무한도전〉이 불방되기도 했는데요, 그때도 많은 시청자들이 아쉬움을 토로했었죠. 당시 김태호 피디는 〈한겨레〉와의 인터뷰에서 이렇게 말했습니다.

"알아야 할 사실이 시민들에게 전달되지 않거나, 전달되더라도 왜곡되거나 누락되면 시민이 세상일에 대하여 제대로 된 판단을 할 수 없습니다. 잘못된 언론의 최대 피해자는 시민이기에, 언론사 파업은 시민의 '알 권리'를 위한 것입니다."

사회 통념상 예능이라고 하면 정치나 사회 참여에 관심 없이 '노는 것'이라고 생각하기 쉽습니다. 그런데 예능 피디가 파업에 참여하는 이유는 무엇 때문일까요? 김태호 피디는 이렇게 말합니다.

"예능 피디들은 논리적으로 이게 이렇고, 저게 저렇고 하나하나 따지고 계산하는 사람들이 아닙니다. 저 역시 그렇고요. 이성이나 논리에서는 상당히 약하죠. 대신 감성이나 가슴이 발달한 사람들이 많아요. 프로그램을 만들 때도 치밀한 계산이나 구성으로 시청자들을 유혹하여 보게 만들겠다는 생각을 하기보다는, 포인트 하나가 시청자들과 소통이 되면 그걸로 끌고 간다고 생각하거든요. 예능 피디의 파업 참여도 가슴이 울었기 때문입니다."

피디의 입장에서는 프로그램을 만들지 못하고, 방송하지 못하는것만큼 힘든 일이 또 없습니다. 그럼에도 파업에 참여하는 이유, 가슴이 울었기 때문입니다.

어린 시절의 괴로움이 지금의 즐거움

저는 드라마 피디입니다. 〈뉴 논스톱〉이나 〈내조의 여왕〉, 〈아직도 결혼하고 싶은 여자〉 같은 로맨틱 코미디를 주로 연출

소년소녀, 정치하라!

했어요. 2012년 파업 당시 노조 부위원장으로 일한 후, 회사로부터 대기 발령, 정직 6개월, 교육 발령이라는 '징계 3종 세트'를 받기도 했습니다. 검찰은 당시 파업 중인 방송사 노조 집행부에게 업무 방해죄를 걸어 구속 영장을 2회 청구하고, 징역 2년 형을 구형하기도 했습니다. 물론 법정에서 무죄로 판결받긴 했지만 힘든 시간이었지요. 드라마 피디는 공정 보도 같은 파업의 쟁점과는 별로 관계없는 직종인데, 왜 파업에 앞장서게 되었을까요?

제가 피디가 된 건 어린 시절 왕따로 살았기 때문입니다. 다섯 살 때, 저는 초롱불 위로 넘어졌다가 턱에 커다란 화상 흉터를 얻었어요. 까만 흉터가 신경 쓰여서 얼굴을 까맣게 태웠습니다. 마른 체격에 까만 얼굴, 두꺼운 입술을 가졌다고 고등학교 친구들이 '아프리카 깜둥이'라고 놀렸습니다. 고등학교 때 성적은 반에서 중간 정도였어요. 내신 성적 10등급에 5등급이었지요. 집에서 공부를 잘하지 못한다고 많이 혼났습니다. 부모님이 학교 선생님인데요. 저의 비교 대상은 전교 일등 하는 아이들이었어요. 아버지는 매를 들 때마다 이렇게 말씀하셨어요. "우리 학교 전교 일 등은 말이야……." 학교에서는 놀림받고 따돌림당하고, 집에서는 구박받고 매를 맞았어요. 사는 게 힘들어 고등학교 때 자살 시도도 했는데, 겁이 많아서 성공하진 못했어요. 지금 생각해 보면 천만다행이지요. 사는 게 이렇게 재미난 줄 그땐 몰랐거든요.

혹시 여러분 중 외모나 성적, 부모님 때문에 고민하는 친구가 있나요? 제가 해결 방안을 알려드릴게요. 이 세 가지 문제는 한 가지 방법으로 해결됩니다. 그냥 사는 거예요. 하루하루 살면서 나이 들면 됩니다. 10대, 20대에는 외모 때문에 고민이 많지요? 나이 40이 넘으면 외모 걱정은 절로 사라집니다. 40이 넘으면 아무리 예쁘고 잘나 봤자 다 아줌마, 아저씨가 되니까요. 나이 50이 되어도 못생긴 외모 탓에 사는 게 불행하다 느끼는 사람이 있다면, 그 사람이 불행한 건 외모 탓이 아닐 거예요. 물론 중년의 나이에도 외모에 대한 압박을 느낄 수 있지만 그건 그 사람의 부족함이 아니라 외모로 사람을 재단하는 사회의 문제 때문이니까요.

청소년 시절에는 학교 성적 때문에 고민이 많지요? 학교에 다닐 때는 공부를 잘하고 못하는 것이 금세 티가 납니다. 어른이 되면 공부는 별로 중요하지 않아요. 사회에서 필요한 능력은 다양하니까요. 교과서를 외우고 수학 문제를 푸는 것 말고도 다양한 재능이 필요합니다. 어른들이 그럴 거예요. "스무 살에 어느 대학, 어느 학과를 나느냐로 남은 평생이 결정 난단다." 글쎄요, 과연 그럴까요? 저는 한양대학교 자원공학과를 나왔는데, 대학에서 석탄채굴학이나 석유시추공학을 배웠어요. 원래 이름이

소년소녀, 정치하라!

광산학과였으니 전공을 살렸다면 탄광에서 일하고 있겠지요. 대학 전공과 다른 직업을 얻어 사는 사람도 많습니다. 행복은 성적순이 아니에요.

어려서는 부모님과의 관계 때문에 걱정이 많았는데, 스무 살이 넘은 후부터는 부모님 때문에 걱정할 일이 없어요. 따로 살면 되거든요. 어른이 되어서도 부모님 때문에 고민이잖아요? 그럼 여러분 잘못이 아니에요. 부모님이 이상한 거예요. 스무 살이 넘으면 한 사람의 성인이기 때문에 자식도 남이에요. 가족 관계에서도 서로 독립적인 인격체라는 걸 인정해야 하지요. 남의 인

생에 참견하는 게 잘못이지, 여러분 잘못이 아니에요.

불행했던 어린 시절이었지만 그 시절이 제게 준 선물이 있어요. 바로 책 읽는 습관입니다. 집에서도 학교에서도 늘 힘들었기에, 저는 은신처를 찾아 숨었어요. 제겐 학교 도서실과 동네 도서관이 피난처였어요. 힘들 때마다 도서실에서 가서 재미난 소설을 읽었어요. 현실이 아무리 힘들어도 책을 펼치면 현실에서 벗어나 책 속의 세상으로 빨려 들어갈 수 있으니까요. 대학에 가서는 1년에 200권씩 책을 읽었어요. 그 덕분에 MBC에 피디로 입사할 수 있었습니다. 방송사 공채 시험에서 가장 중요한 관문이 논술과 면접인데, 글쓰기와 말하기 실력을 키워 주는 가장 좋은 방법이 독서거든요.

피디란 공감하는 직업

방송사에 입사한 후, 좋아하는 연예인들을 만나고 만들고 싶은 프로그램을 마음껏 만들었어요. 어려서는 죽도록 괴로웠으니, 어른이 된 후로는 무조건 즐겁게 살자고 마음먹었지요. MBC 예능국에 입사해서 청춘 시트콤 〈뉴 논스톱〉을 만들고 〈일밤-박수홍의 리브하우스〉도 만들었습니다. 마흔 살에는 드라마를 해 보고 싶어 사내 공모를 통해서 부서를 옮겼어요. 면접을 봤는데요, 책을 많이 읽은 덕분에 심사 위원들을 설득할 수 있었어요.

소년소녀, 정치하라!

설득력도 독서로 키우거든요. 드라마 피디가 되어 〈내조의 여왕〉, 〈글로리아〉를 만들었어요. 지난 7년 동안 제 이름으로 된 드라마를 만들지 못한 탓에 여러분이 알거나 좋아할 만한 프로그램이 없네요.

2011년에 MBC 노조에서 부위원장으로 일해 달라는 제의가 왔습니다. 저는 원래 정치나 노조 활동에는 관심이 없었어요. 그냥 혼자 즐겁게 사는 날라리에 딴따라였지요. 드라마 피디로 일할 때 즐거웠던 이유는 모든 일을 직접 결정했기 때문입니다. 작가도, 배우도, 스태프도, 제가 직접 선택합니다. 제가 좋아하는 이야기를 가지고, 제가 좋아하는 배우를 만나, 제가 좋아하는 스태프들과 일을 해야 드라마를 만드는 과정이 즐겁고, 과정이 즐거워야 결과물을 보는 시청자들도 즐거울 거라 믿습니다.

회사가 제작 자율성을 존중해 준 것은 제가 예뻐서가 아닙니다. MBC 노조가 회사와 단체 협약을 체결하고 피디나 기자들의 제작 자율성을 지켜 준 덕이지요. 그런 고마운 노조를 위해 조금이나마 보답을 해야겠다는 생각에 노조 집행부가 되었습니다. 당시만 해도 일하는 즐거움을 최고로 치는 제가, 파업에 나서게 될 줄은 꿈에도 몰랐어요.

시사 교양 피디와 라디오 피디도 자신이 만들고 싶은 아이템으로, 자신이 선택한 출연자와 작업을 해야 행복합니다. 그런데 이명박 정부가 내려보낸 낙하산 사장은 그걸 못하게 했어요. 이명박·박근혜 정부의 방송 장악을 다룬 영화, 〈공범자들〉을 보면 그들이 MBC 라디오 시사 프로그램을 망가뜨리기 위해 얼마나 집요했는지 알 수 있습니다. 〈김미화의 세계는 그리고 우리는〉을 진행하던 MC 김미화 씨를 내쫓습니다. 13년간 청취율 1위를 달린 〈손석희의 시선집중〉에서 패널을 자르고 작가를 내쫓습니다. 방송 아이템도 사사건건 간섭하고요. 그렇게 시달리던 손석희 아나운서가 결국 MC를 그만두고 JTBC로 옮겨 가게 되지요. 손석희 앵커는 JTBC 보도 부문 사장이 되면서 제작 자율성과 독립성을 보장해 달라고 요구합니다. 그 결과 JTBC의 보도를 통해 최순실 국정 농단이 만천하에 드러나게 됩니다. 어쩌면 MBC를 망가뜨린 덕에 JTBC 뉴스의 세기적 특종이 나왔는지도 모릅니다.

저는 2011년 노조 부위원장으로 일하며 라디오 피디들과 시사 교양 피디들이 회사로부터 탄압당하는 모습을 다 봤어요. 그런 상황에서 '저건 내 일이 아니니까.' 하고 나 몰라라 할 수는 없었어요. 결국 2012년에 파업에 돌입합니다. 김태호 피디가 예능 피디는 감수성이 예민한 사람이라고 했는데요, 드라마 피디는 공감 능력이 큰 사람입니다. 대본에 나오는 숱한 인물들의 감정에 공감할 수 있어야 드라마를 제대로 찍을 수 있거든요. 허구의

인물에게도 감정 이입하는 사람이, 정작 내 주위 동료들의 아픔
을 외면할 수 있을까요?

어린 시절, 따돌림당할 때 많이 힘들었어요. 아이 몇 명이 나
를 놀려서 괴로운 게 아니라, 나머지 아이들 중 누구도 내 편을
들어주지 않아 괴로웠어요. 언젠가 어른이 된다면, 주위에서 누
군가 괴롭힘을 당할 때 적어도 외면하지는 말자고 생각했어요.
어쩌면 노조 집행부가 되고 파업에 나선 것은 어린 시절의 다짐
때문인지 모르겠습니다.

언론인은 어쩌다 '기레기'가 되었을까?

2017년 9월 8일, 공영 방송사 양대 노조 공동 파업 출정식에서 세월호 유가족 유경근 씨가 무대에 올랐습니다. 예은 아빠, 유경근 씨는 자신이 언론 파업을 지지하는 이유에 대해 이렇게 말합니다.

"망가진 언론의 피해자는 (기자나 피디) 여러분이 아니라 바로 국민들, 예은이 아빠인 나이기 때문입니다. 진도체육관에서, 팽목항에서, 나를 두 번 죽인 건 여러분들의 사장이 아니고, 그 현장에 있던 바로 여러분들이었습니다. 저희가 영정을 들고 KBS를 찾아갔을 때, 그 앞에서 울부짖을 때, 과연 KBS 여러분들 가운데 누구 하나 뒤로 몰래 찾아와 대신 미안하다고 얘기한 사람, 단 한 명이라도 있었습니까? 제가 파업을 지지하는 건 여러분들이 쾌적한 환경에서 편하게 근무하라는 게 아니라 바로 내가 또다시 죽고 싶지 않아서, 내가 언론 때문에 또 다른 고통을 받고 싶지 않아서입니다."

몇 년 전부터 기자들은 '기레기'(기자 + 쓰레기)라고 불립니다. 사람들에게 글과 말로 정보와 지식을 전달하는 엘리트 지식인이라 불리던 기자들이 어쩌다가 기레기라는 부끄러운 별명을 얻게 되었을까요? 2012년 MBC 파업 도중에 해고된 박성제 기자는 『권력과 언론―기레기 저널리즘의 시대』에서 기레기를 이렇게 정의합니다. 권력자에게 고개 숙이고, 광고주에게 무릎 꿇고, 사주에게는 충성을 바치는 기자. 자신들의 치부에는 눈을 감으면서, 어설픈 엘리트 의식으로 걸핏하면 독자를 가르치고 훈계하려 드는 기자. 선정적 과장과 악의적 왜곡도 서슴지 않고, 오보가 밝혀져도 사과하지 않는 기자, 이들이 바로 기레기랍니다. 강자에게 약하고 약자에게 강한 기자가 기레기고요, 힘 있는 자를 견제하고 힘없는 약자를 보호하는 것, 그것이 참된 언론인의 모습입니다.

진짜 언론인의 꿈은 무엇일까?

아이들에게 진로 희망을 물어보면, "의사가 되어 아픈 사람들을 돌보겠다.", "판검사가 되어 사회 정의를 바로 세우겠다."라고 말합니다. 말의 순서를 뒤집어 보아요. "아픈 사람을 돌보기 위해 의사가 되고 싶다.", "사회 정의를 바로 세우기 위해 판검사가 되겠다." 아픈 사람을 돌보는 건 의사가 아니라 간호사나 자원봉사자도 할 수 있어요. 사회 정의를 바로 세우는 건 누구나 할 수 있는 일입니다. 직업은 꿈이 아닙니다. 그 직업을 얻어 어떤 일을 할 것인가. 그게 진짜 꿈입니다.

기자나 피디가 되는 게 꿈이라면 신문사나 방송사에 취업하는 데 목을 매게 됩니다. 언론사 입사 경쟁이 치열한 탓에 어쩌다 회사에 들어가면, 그 고마움이 충성심으로 바뀝니다. 그 순간, 사주에게 충성을 바치고, 광고주에게 무릎 꿇고, 권력에 고개를 숙이는 '기레기'가 탄생합니다.

저는 피디를 꿈꾼 적이 없어요. 어려서 피디가 꿈이었다면, 공대에 가거나, 영업 사원을 하고, 통역대학원에 가지 않았을 것 같아요. 어른이 되고서 깨달았습니다. 제가 사람들에게 재미난 이야기를 해 주는 걸 좋아한다는 걸. 시트콤이나 드라마를 통해 사람들에게 재미와 감동을 주고 싶었지요. 그러나 파업 참여 이후 7년째 회사에서 제게 연출을 맡기지 않았어요.

드라마 피디는 혼자서는 할 수 있는 게 하나도 없어요. 작가가 대본을 쓰고, 배우가 연기를 하고, 카메라맨이 촬영을 해야 무언가 만들어지거든요. 그렇다고 가만히 있을 수는 없었습니다. 망가진 MBC를 되살리기 위해 혼자서도 할 수 있는 일은 없을까 고민하다 페이스북 라이브로 "김장겸은 물러나라!"라고 외쳤어요. 지난 몇 년, 김장겸 사장을 비롯한 MBC 경영진은 증거도 없이 함부로 기자와 피디를 해고하고 노조를 탄압해 왔어요. 저는 블로그와 페이스북 라이브를 통해 MBC 내에 아직도 싸우는 사람들이 있다고, 부디 MBC를 포기하지 말아 달라고 알리고 싶었어요.

피디나 기자가 꿈이라는 친구들을 만나면 이렇게 말합니다.

소년소녀, 정치하라!

"이제는 매스 미디어의 시대가 아니라 소셜 미디어의 시대입니다. 신문사 기자가 되어야만 세상 사람들에게 내 글을 읽힐 수 있는 건 아니에요. 블로그나 페이스북을 통해서 나의 이야기를 사람들에게 전할 수 있어요. 꼭 방송사 피디가 되어야만 재미난 영상을 만들 수 있는 건 아니에요. 유튜브나 팟캐스트를 통해서 재미난 무언가를 만들 수 있어요."

지난 9년 동안, 정치와 언론은 한통속이 되어 나라를 망가뜨렸어요. 권력은 기자와 피디들의 입에 재갈을 물렸고, 권력의 감시견이 되어야 할 언론은 권력의 애완견이 되어 부정부패에 눈감았습니다. 그 결과 터져 나온 것이 최순실 국정 농단 사건이고, 박근혜 대통령 탄핵을 이끈 촛불 시민 혁명입니다.

정치와 언론이 너무 가까워지면 안 됩니다. 정치는 권력을 가지고, 언론은 영향력을 가지고 있어요. 힘을 가진 둘이 너무 가까워지면 언론은 권력을 탐하고, 권력은 부패하게 됩니다. 당당한 권력은 언론의 자유를 보장하고, 바른 언론은 권력을 견제합니다. 정치와 언론을 바로 세우려면 시민 사회의 양심이 살아 있어야 해요. 세월호 유가족 유경근 씨의 말대로, 언론이 망가지면 가장 큰 피해자는 시민이니까요.

앞에서 제가 사는 것이 힘들 때, 그냥 참고 살면 문제가 해결된다고 했지요? 그건 외모나 성적, 부모님 같은 개인적 고민에

해당합니다. 약자를 대상으로 한 학교 폭력이나 교내 비리 같은 문제는 참고 살면 안 됩니다. 그건 공동체의 문제이니까요. 내가 눈감는 순간, 약자가 당합니다. 누군가 괴로워할 때 눈감는 것은 정의가 아닙니다. 가서 말리든, 함께 싸우든 해야 합니다. 지금 이 순간 내가 할 수 있는 일은 무엇이든 해야 합니다.

제가 페이스북 라이브로 "김장겸은 물러나라!"라고 외친 장면은 언론 장악을 다룬 영화 〈공범자들〉에도 나옵니다. 회사에서 혼자 사장은 물러나라고 외치면 '또라이'가 되고 말 수도 있지요. 하지만 MBC 노조의 동료들이 함께 외치면서 그건 MBC 정상화를 위한 투쟁이 되었어요. 저는 그런 점에서 누군가 절박하게 외치는 사람이 있다면, 그때 그 외침을 들어 주고 함께하는 이들이 꼭 필요하다고 생각합니다. 『논어』에도 나오잖아요? "덕불고 필유린 德不孤 必有隣–덕은 외롭지 않다. 반드시 이웃이 있다." 이때 중요한 것은 함께해 주는 이웃의 역할입니다.

우리 시대, 청소년이 바로 시민 사회의 살아 있는 양심입니다. 투표권이 없는 청소년은 오히려 기득권으로부터 자유로워요. 사회에 물들지 않았기에, 정의감과 공감 능력으로 똘똘 뭉친 사람들이지요. 3.1 만세 운동도 그렇고, 4.19 학생 의거도 그렇고, 6.10 민중 항쟁도 그렇고, 한국의 시민 혁명은 항상 어린 학생들로부터 시작했어요. 공감 능력이 큰 청소년들이 함께 손을 잡고

소년소녀, 정치하라!

나와 거리를 메울 때, 세상의 변화는 시작됩니다.

　지난겨울, 광화문 촛불 집회에서 가장 감동적인 순간은 청소년 여러분이 무대에 올라 마이크를 잡았을 때였어요. 소셜 미디어를 통해 이미 자신들의 이야기를 공유하는 여러분, 권력에 길들지 않는 참된 언론의 모습을 여러분이 보여 주고 있어요. 세상을 바꾸는 청소년 여러분께 이 자리를 빌려 감사의 인사를 올립니다. 고맙습니다!

나의 2점 숏보다 중요한 팀의 3점 숏

이노우에 다케히코, 『슬램덩크』

　여학생에게 고백할 때마다 차이는 북산고 문제아, 강백호. 어느 날 채소연이 강백호의 큰 키를 보고 말을 걸어옵니다. "혹시, 농구 좋아하나요?" 소연이의 마음을 얻기 위해 농구부에 입단한 강백호, 조금씩 농구의 즐거움을 깨달아 갑니다. 북산고 농구팀의 기둥은 천재 서태웅입니다. 어느 날 서태웅은 라이벌 윤대협을 찾아갑니다. 각자 팀 내 최고의 에이스이니 1대1로 대결을 해서 이기는 사람이 최고의 농구 선수라고 인정해 주자는 것이지요. 그때 윤대협은 이렇게 말합니다. "농구란 1대1로 하는 것이 아니라 5대5로 하는 팀플레이다."

　혼자 잘하는 것보다 중요한 것은 동료들과 함께 더 잘하는 것입니다. 내가 2점을 넣는 것보다 정대만에게 패

소년소녀, 정치하라!

『슬램덩크』 | 이노우에 다케히코
대원씨아이 | 1998

스하여 그가 3점 슛을 쏘도록 하는 것이 팀으로서 이기는
길이지요.

　　드라마 피디로 제가 일하는 방식은 간단합니다. 저보
다 잘난 사람을 찾습니다. 저보다 글을 잘 쓰는 사람을 찾
아 대본을 맡기고, 저보다 멋진 사람을 찾아 배역을 맡기
고, 저보다 미적 감각이 뛰어난 사람을 찾아 카메라 앵글
을 맡깁니다. 인간은 사회적 동물입니다. 정치와 언론의
역할이 그래서 중요합니다. 공동체의 규칙을 정하는 것이
정치요, 공정한 규칙을 위해 사회적 협의를 이루는 것이
언론의 역할입니다. 천방지축 강백호가 농구를 통해 팀플
레이의 중요성을 배워 가듯, 청소년 여러분이 『슬램덩크』
를 통해 협업의 중요성을 배울 수 있기를 희망합니다.

소년소녀
정치탐구
5

자전거와 일상의 정치

+

다카하시 츠토무, 『사람 하나둘』

: 박권일 : 사회비평가

책과 잡지를 기획하거나 글쓰기 강의도 합니다. 월간 <말> 기자로 일했고 『소수의견』, 『88만원세대』, 『지금, 여기의 극우주의』 등의 책을 썼습니다.

20대 후반부터 지금까지 '사회적 투명인간들', 예컨대 '중산층과 서민'이라는 말로도 불리지 못하는 사람들의 현실을 바꿀 수 있는 정치적 저항의 가능성을 고민하고 있습니다. 또한 개혁과 진보를 말하고 극우파를 반대하면서도 결국 돈 앞에 어쩔 수 없다는 시장 논리와 소비자주의에 머무르는 '민주 시민'의 의식 구조를 해명하는 것에 관심이 많습니다. 2001년 민주노동당 당원이 되었고, 한 번도 당적을 옮긴 적이 없습니다.

틈만 나면 "자전거는 옳고 아름답고 즐겁다."라고 이야기하길 좋아합니다. 자전거로 미시령을 쑥쑥 올라가는 클라이머를 꿈꾸지만, 현실은 남산도 벅차 줄줄 흘러내리는 '흘라이머'입니다.

 # 자전거와 일상의 정치

공도에서 만난 자전거 지옥

어디든 갈 수 있을 것 같았다. 걸어서는 도무지 갈 수 없었던 동네까지 어떤 이유도 목적도 없이 내달렸다. 일곱 살에 배운 자전거는 아홉 살까지 나의 전부였다. 하지만 이후 스무 해 넘도록 자전거를 까맣게 잊었다. 서른한 살의 어느 권태로운 봄날, 나는 누군가가 길가에 세워 둔 자전거를 홀린 듯 바라보고 있었다. 그날 자전거가 다시 내 삶 속으로 들어왔다.

처음엔 작은 바퀴의 미니벨로, 그다음엔 그보다 빠르게 달릴 수 있는 미니 스프린터, 그리고 이내 로드바이크(사이클)로 갈 아탔다. 2000년대 중반부터 불어 닥친 미니벨로 열풍은 2009년 무렵엔 로드바이크로 이어지고 있었다. 나 역시 그 바람의 한가 운데 있었다. 자전거를 타는 것이 즐거워서 견딜 수 없었다. 시간 은 늘어나고 속도는 빨라졌다. 한강공원만 달려서는 성에 차지 않았다. 원하는 곳에 가려면 반드시 자동차가 달리는 도로, 즉 공 도(공공 도로)로 나가야 했다. 자전거는 본디 사람이 걸어 다니는 보도를 주행할 수 없기 때문이다.

자전거를 타고 공도에 나가면서 나는 새로운 세계를, 아니 새로운 지옥을 보았다. 생명의 고비를 숱하게 넘겨야 했다. 자동 차만 몰고 다녔다면 평생 알지 못했을 것이다. 공도를 자전거로 달린다는 것은 직접적인 모욕과 배제, 압도적 폭력에 그대로 노 출되는 일이었다. 공도를 자전거로 달린다는 것은, 일종의 '마이 너리티(소수자, 사회적 약자) 되기'였다.

혐오 범죄 타깃 된 사이클계 슈퍼스타

한국에서 대선이 치러진 2017년 5월 9일, 프랑스 남부에서 작은 교통사고가 났다. 훈련 중이던 사이클 선수가 박살 난 자전 거 사진을 자신의 트위터에 올리며 이 사건이 전 세계에 알려졌 다. "뒤에 따라오던 자동차가 고의로 나를 친 뒤 그대로 사라졌어요. 다행히 크게 다치진 않았네요." 이 글과 사진은 수만 번 리트윗되며 각종 뉴스에도 오르내렸다.

사고를 당한 사람의 이름은 크리스토퍼 클라이브 프룸이었다. 보통 크리스 프룸이라고들 부른다. '누구?'라고 갸웃할 수 있겠다. 하지만 사이클 팬이라면 모를 수가 없는 이름이다. 크리스 프룸은 2017년 현재 사이클계의 리오넬 메시, 사이클계의 클레이튼 커쇼, 사이클계의 르브론 제임스다. 그는 투르 드 프랑스에서 무려 4회나 종합 우승을 차지한 현역 최강의 사이클 선수다. 투르 드 프랑스는 총 3,500여 킬로미터, 20개가 넘는 극한의 스테이지를 완주하고 기록을 경쟁하는 사이클 대회다. 종합 우승은 고사하고 스테이지 우승 한 번으로도 가문의 영광이라 할 만큼 최고의 권위를 자랑한다. 이 세계적 스포츠 경기에 아직 한국인 선수는 한 번도 출전한 적이 없다.

크리스 프룸 선수의 사고가 세계 사이클 팬들의 분노를 산 것은 단지 그가 유명한 선수여서가 아니다. 그런 일이 비일비재하며, 누구나 그렇게 목숨을 잃을 수 있음을 잘 알고 있어서다. 그것은 수천만에 달하는 아마추어 사이클 선수들에겐 일상이었다. 그들은 슈퍼스타의 불운에 놀란 게 아니었다. 슈퍼스타조차 피해 갈 수 없었을 정도로 그런 사고가 보편적이라는 걸 새삼 깨닫고 몸서리쳤던 것이다.

소년소녀, 정치하라!

'자라니'라는 신조어

"야 이 XX 새끼야, 자전거가 왜 차도로 기어 나와?" 승용차 조수석에 앉은 사람이 날 향해 고함을 질렀다. 자전거를 타며 종종 겪는 일이다. 물론 내겐 딱 부러지는 대답이 준비되어 있다. "왜 나오냐고? 자전거는 도로교통법상 '차'다! 보도가 아니라 차도로 다녀야 한다!" 하지만 그들 대부분은 도로교통법상 자전거의 지위를 모르는 게 아니다. 단지 자전거라는 '같잖은 탈것'이 눈앞에 알짱대는 게 못마땅한 것이다.

자동차 운전자들의 자전거 혐오와 위협 운전은 세계적 현상

이긴 한데 그중에서도 가장 심각한 곳 중 하나가 바로 한국이다. 최근 몇 년 사이 자전거 인구가 늘면서 자동차와 자전거의 갈등도 커지고 있다. 아니, 갈등이란 말은 적절치 않다. 마치 '자동차 세력'과 '자전거 세력'이 대등한 것처럼 들릴 수 있으니까. 정확하게는 자동차 운전자들 일부(일부라 해도 엄청난 숫자인)의 '자전거 혐오'가 봇물처럼 터져 나온다고 해야 한다.

그 혐오를 극명하게 보여 주는 말이 바로 '자라니'다. 자라니는 자전거와 고라니를 합친 말이다. 글자 그대로 자전거 라이더를, '자동차를 위협하는 동물' 취급하고 있는 것이다. 모 자동차 커뮤니티에선 "요 자라니들 카메라 없는 데서 만나기만 해 봐. 차로 싹 밀어 버릴 테니." 운운하는 협박이 공공연히 내걸린다. 폭력적인 운전 매너로 세계에 악명을 떨쳐 온 나라답다.

이런 이야기를 꺼내면 꼭 나오는 말이 있다. 자전거 라이더들이 '개념 없이' 도로를 차지하고 민폐를 끼친다는 주장. 그리고는 도로 전체를 막고 병렬로 달리는 자전거들의 사진을 들이민다. 물론 그런 라이더가 존재하는 건 사실이다. 그들은 분명 잘못했고 자전거는 공도에선 일렬 주행하는 것이 맞다. 하지만 그렇다고 자동차로 자전거를 위협하는 게 정당화되진 않는다. 길에 쓰레기를 버렸다고 그 사람을 폭행하는 것이 허용되지 않는 것과 마찬가지 이치다.

소년소녀, 정치하라!

'1.5미터법'이 필요한 이유

자동차에는 운전자를 보호하는 철제 골격과 에어백 등 안전 장치라도 있다. 자전거는 그에 비하면 무방비 상태라 해도 과장이 아니다. 부딪히는 건 물론이고 아슬하게 스쳐 가는 바람의 압력만으로도 자전거는 날아갈 수 있다. 당연히 라이더는 치명상을 입는다. 이런 이야기를 하면 많은 한국인들은 이렇게 반응한다. "그렇게 위험하면 도로에서 자전거를 타지 말아야지!"

그런데 소위 '선진국'이라 불리는 나라들은 한국인들과는 전혀 다른 대답을 내놓는다. "그러니까 자전거를 더 보호해야지!" 그래서 나온 게 '1.5미터법(영미권에선 '3피트법')'이다. 일반적으로 '최소추월거리법'이라고도 한다. 자동차가 주행 중인 자전거를 추월할 때는 1.5미터 이상 간격을 두어야 한다는 규정이다.

2014년 9월 미국 캘리포니아주에서 '3피트법'이 발효되었고 여러 나라에서 유사한 법안들이 만들어졌다. 2017년 현재 이 법이 시행되는 국가는 캐나다, 미국(25개 주), 벨기에, 네덜란드, 호주, 스페인, 포르투갈, 남아프리카공화국 등이다. 대개 최소추월거리는 약 1.5미터인데 프랑스의 경우 현실성을 감안해 혼잡한 도심지에선 최소추월거리가 1미터이고, 그 외 지역에서는 1.5미터로 규정해 놓았다.

한국은 자전거 라이더를 탓한다. 반면 저 나라들은 자전거

보호 법안을 만든다. 왜 이런 차이가 생길까? 우선 한국은 길이 좁고 차도 많아서 미국 같은 나라와는 사정이 다르다는 변명이 있을 수 있겠다. 하지만 오래된 길이 많아 오히려 한국보다 도로가 좁은 서유럽 도시에서도 1.5미터법은 시행되고 있다. 그들이 순진해서, 도로 상황을 몰라서 저런 법을 만들고 지키는 게 아니라는 것이다.

결정적 차이는 다른 데 있다. 저 나라들은 시민의 생명을 그 어떤 가치보다 우선한다는 점이다. 저들이라고 자동차 운전자들의 불만이 없을까. 당연히 불편할 것이다. '그럼에도 불구하고' 1.5미터법이 시행된다. 효율이나 효용만을 따지는 나라, 생명을 '말로만' 존중하는 나라에선 저런 법이 나오기 어렵다. 사람 목숨 귀한 줄 아는 사회는 불편과 손해를 감수하고서라도 생명을 지키려는 사회다. '불편과 손해를 감수하고서라도', 이게 핵심이다. 세월호 참사는 그 핵심을 깨닫지 못한 사회의 비극이 아니던가.

차 없는 도시

요즘 세계 각국 도시의 대세는 '차 없는 도시'다. 한마디로 도시에서 자농차를 몰아내고 있다. 특정 기간 동안만 시행하는 '약한 통제'에서부터 차량 운행을 완전히 금지하는 '강한 통제'까지, 운영 형태는 제각각이다. 교통 지옥 뉴욕시는 주말 5시간

소년소녀, 정치하라!

정도 차량의 도심 진입을 통제하는 행사를 열었다. 프랑스 파리시는 오래되고 낡은 차량의 도심 진입을 통제하는 정책으로 스모그를 효과적으로 줄여 나가는 중이다. 노르웨이 오슬로시는 2019년까지 모든 차량의 도심 진입을 금지하는 법안을 통과시키겠다고 발표했다. 노르웨이는 심지어 2025년까지 화석 연료 차량의 판매를 아예 금지한다는 강력한 정책을 예고한다. 공통점은 자동차, 특히 화석 연료 차량을 아예 없애거나 조금씩 줄이겠다는 것이다.

　한국 언론에도 이런 움직임이 여러 차례 소개된 바 있다. 그런데 보도의 초점이 공해를 줄이기 위한 방법, 탄소 배출 등에 맞춰져서 '차 없는 도시'의 의미가 좁아지는 경우가 적지 않다. 때로 기자가 사명감에 불탄 나머지 화석 연료 차량을 '만악의 근원'으로 몰아가기도 한다. 그러다 보니 논의가 온통 '자동차가 왜 나쁜지'에 집중되고 만다. 이건 앞뒤가 뒤바뀐 이야기다. 자동차의 배제는 어디까지나 어떤 목표를 추구하는 과정 중 하나다. 목표는 무엇일까? 그건 '인간이 살기 좋은 공간'을 만드는 것이다. 1.5미터법의 목적이 자동차 규제가 아니라 시민의 생명 보호인 것과 마찬가지다. 이걸 명확히 인식하지 않으면 자칫 자동차와 운전자를 마치 악마처럼 취급해 불필요한 갈등을 일으키기 쉽다.

　공도에 나가 자전거를 타면서, 처음에는 폭력적인 자동차에 위협당할 때마다 격하게 분노했다. 하지만 시간이 지나면서 분노만으로 문제가 해결되지 않는다는 것을 알게 됐다. 사회 전체에 스며든 습관, 자동차와 속도에 중독된 생활 양식은 쉽게 바뀌지 않는다. 적대감을 드러낼수록 동료 시민끼리 서로 드잡이를 반복하며 서로에 대한 혐오와 증오만 키울 뿐이다.

자동차와 자전거는 '공공 도로의 주인 자리'를 놓고 다투는 경쟁자가 아니다. 서로 다른 리듬으로 움직이고 있지만 우리는 같은 권리를 지닌 시민이며 서로의 생명과 존엄을 지킬 의무를 진다. '차 없는 도시', '자전거와 자동차가 공유하는 도로'는 결국 모두의 더 나은 삶을 만드는 과정이라는 점에 합의할 수 있어야 한다. 물론 쉽지 않다. 하지만 불가능한 일은 아니며 끝내 가야 할 길이다.

"행복은 자전거를 타고 온다"

이반 일리히가 쓴 책 『에너지와 공평』의 한국어판 제목은 "행복은 자전거를 타고 온다"이다. 1974년에 출간되었으니 30년이 넘은 책이다. 그럼에도 저자의 주장은 전혀 낡았다는 생각이 들지 않는다. 인류의 이동 속도가 지나치게 빨라지면서, 생산된 에너지는 극소수 계급에게 집중되고 생태 환경은 걷잡을 수 없이 파괴되었다. 엉성한 부분이 없지 않았지만 에너지 불평등과

소년소녀, 정치하라!

속도 중독 사회에 대한 일리히의 비판은 날카로웠다. 대안은 급진적이지만 그렇다고 '도시 문명과 소비의 상징인 냉장고를 전부 버리자.'라며 과거로 돌아가자는 식의 비현실적인 생각은 아니었다.

그의 제안은 개인적인 교통수단(내연기관)을 규제하고, 공공 교통수단을 대폭 늘리고, 단거리·중거리 이동에서 자전거를 적극적으로 활용할 수 있게 만드는 것이다. 일리히의 지적처럼 자전거는 '인간이 만든 가장 효율적인 이동 수단'이라는 말이 있을 정도로 에너지 효율이 높은 탈것이다. 1마일 당 소비 에너지를 보면 인간의 걸음이 100칼로리, 자동차가 1,860칼로리인 반면 자전거는 불과 35칼로리다. 책 내용은 자동차 산업이 승승장구하던 1970년대엔 황당하게 들렸을 수 있지만 지금 읽어 보면 그야말로 상식적이다. 정도의 차이는 있겠지만 일리히의 주장은 한국을 포함한 세계 수많은 나라들이 오늘날 구체적으로 추진하거나 진지하게 검토하고 있는 정책 방향과 많은 부분 일치한다.

이반 일리히가 책을 통해 궁극적으로 주장하고자 했던 바는 자동차를 비난하는 것도, 자전거를 찬양하는 것도 아니었다. 그가 자전거를 통해 상상하는 유토피아는 자전거'만을' 위한 세계가 결코 아니다. 그곳은 자전거뿐만 아니라 많은 인간이 해방된 세계다.

교통의 면에서 그것은 자전거를 타는 것에 의해 일상의 행동범위를 3배로 넓히는 사람들의 세계이다. 그 세계의 특색은 자전거만으로는 불충분하고, 별도의 특수한 추진력을 이용하여도 공정성은 물론 자유도 제약하지 않는 상황에서 다양한 보조적 모터를 이용하는 점에 있다. 그리고 그것은 긴 여행의 세계이기도 하다. 모든 장소가 모든 사람들에게 열려 있고, 누구라도 스스로 자기 속도로 천천히 즐겁게 여행하며, 인간이 수십만 년 이상 두 다리로 걸어온 대지와 수송수단이 단절됨이 없이 긴 거리를 가는 그러한 세계인 것이다.

－ 이반 일리히 지음, 박홍규 옮김, 『행복은 자전거를 타고 온다』, 미토

소년소녀, 정치하라!

적정 속도 사회

자전거를 타던 어느 날 '적정 속도'라는 단어가 문득 떠올랐다. 현대를 살아가는 사람들 대부분은 빠른 속도를 사랑한다. 인터넷 속도가 지금보다 더 빨라진다면 싫어할 사람이 드물 것이다. 서울에서 부산까지 한 시간에 내달리는 신형 고속 열차가 등장하면 많은 사람들이 열광할 것이다. 내 자동차를 두 배 더 빠른 것으로 바꿔 준다고 제안하면 마다할 사람이 드물 것이다. 빠른 것이 곧 강함이고 옳음인 사회. 그런 사회에서 살아가는 인간은 어떤 존재가 되(어야 하)는 걸까?

'속도'의 철학자 폴 비릴리오는 속도가 지배하는 사회에서 시민은 "속도의 위계질서에 종속된 무명의 병사"로 존재할 뿐이라고 말한다. "속도가 빨라질수록, 자유도 그만큼 빨리 줄어들기 때문"이다. 속도를 신처럼 숭배하는 사회가 될 때, 인간은 현기증이 날 만큼 빠른 속도로 달리는 데 몰두하다 저항의 기회를 잃어버리고 만다. 기계와 기술의 속도가 인간의 생각과 행동의 속도를 진즉 초월했기에 인간은 상상하는 능력을 박탈당하고, 예측하고 예상하는 능력만 간신히 유지하게 되었다.

옆 동네의 친구에게 수다 떨러 갈 때, 굳이 시속 220킬로미터를 낼 수 있는 중형 세단 자동차를 타고 갈 필요는 없다. 우리가 지구 반대편의 사람과 메일을 주고받고 대화할 때 정보의 이동 속도는 빛의 속도에 가깝다. 반면, 벼룩시장을 돌아보거나 강변을 산책할 때 우리의 속도는 빨라도 시속 7킬로미터를 넘지 않는다. 다른 사람과 친밀한 관계를 맺고 파괴된 관계를 회복하기 위해 필요한 것은 우정과 연대 의식만이 아니다. 무엇보다 적절한 속도가 필요하다. 단언컨대 자전거는 '과잉 속도 사회'에서 '적정 속도 사회'로 가는 가장 아름다운 경로다.

개별 해법이 아닌 집단 해법

이 적정 속도 사회는 자연히 오지 않는다. 아무리 옳고 합리적인 아이디어여도 그것이 실제로 사회를 바꾸려면 어떤 '실천'이 필요하다. 그게 바로 정치다. 이 정치는 양복에 금배지 단 사람들이 여의도에서 하는 입법 행위, 혹은 경제적 갈등의 조율만을 가리키지 않는다. 정치는 과거나 지금이나 그런 협소한 과정으로 결코 환원될 수 없는 인간 행동이다. 거꾸로 말해 본다면, 정치를 그렇게 '입법 행위' 혹은 '갈등의 조율' 등으로만 이해하는 것이야말로 오늘날 정치의 무기력을 악화시키는 요인이다.

사회의 불평등, 불합리는 개인을 고통스럽게 한다. 한국인이라면 누구나 알고 있는 냉소적 격언이 있다. "억울하면 출세하라!" 이 말은 개인의 고통을 전부 개인의 탓으로 돌리는 반(反)정치의 언어다. 곧 '정치의 죽음'이다. 정치는 "억울하고 힘드니까 함께 바꾸자."라는 권유다. 개별 해법이 아닌 집단 해법이다. 자전거를 타며 느꼈던 공포, 학생으로 살아가며 느꼈던 억압, 장애인으로 살아가며 느꼈던 모멸 같은 것은 우연한 개인적 경험이 아니라 그 사회가 지닌 공동 질병의 일부다. 사소한 개인의 일상이 실은 공적 문제임을 깨달아 가는 과정이 바로 정치의 시작이다. 정치란 '모두의 해방을 위한 집단적 실천'인 것이다. 그러므로 소년소녀들이여, 정치하라!

모두가 함께 변화하지 않는다면

다카하시 츠토무,『사람 하나둘』

카스가 소이치로는 일본의 현직 총리다. 그는 평생 소심한 예스맨으로 살며 총리까지 올랐다. 그런데 어느 날 귀신(수호령)이 깃들면서 갑자기 마음을 바꾼다. 그는 인생 마지막으로 시민을 위해 '20년 내 일본 핵 발전소의 완전 폐기'를 결심한다. 이를 위해 극비리에 팀을 짜고 일본 정치 역사상 누구도 시도하지 못했던 싸움을 시작한다.

한국이나 일본이나, 원자력무라(핵마피아)에 맞선다는 것은 어마어마한 적의와 이권 네트워크에 맞서는 것이다. 영 능력, 오컬트가 만화에 나왔다는 것은 이런 일이 그만큼 비현실적이라는 뜻이다. 보좌신 중 한 명은 탈핵 정책의 초안을 총리에게 건네며 '탈핵은 이론적으로나 경제적으로 가능하다.'면서도 이렇게 걱정한다. "단 아직 한 가지

「사람 하나둘」 | 다카하시 츠토무
서울문화사 | 2014년

부족한 것이 있습니다. 민심입니다. 국민은 원전이 없어진
다는 것을 진심으로 믿지 않고 있습니다. 민심을 아군으
로 삼지 못하면 이 정책은 불가능합니다."

　공동체 생활 양식의 전면적인, 그리고 고통스런 변화
없이 탈핵 사회를 이룰 수는 없다. 절대다수의 정치인은
국민에게 생활 양식을 바꾸자고 호소하지 못한다. 정치적
자살 행위이기 때문이다. 대다수 국민들 역시 익숙해진
생활을 바꿀 의지가 없다. 체제는 어지간한 힘으로는 바
뀌기가 어렵다. 변화를 말하긴 쉽지만 실천하기는 너무나
어렵다는 것을, 그럼에도 변화하지 않으면 함께 멸망한다
는 것을 이 작품은 탁월하게 그려 내고 있다.

나는 고발한다

+

파블로 네루다, 『파블로 네루다 자서전』

: 송경동 : 시인

어려선 소문난 악동이었습니다. 중학교 2학년 국어 시간에 '봄비'를 주제로 시를 써 오라 했습니다. 숙제니 할 수 없이 써냈는데 처음으로 선생님께 '칭찬'을 들었습니다. 그 칭찬이 고마워 '시'가 무엇인지도 모른 채 지금까지 시를 쓰고 있습니다. "작가가 되는 건 급하지 않다. 먼저 철저한 민주주의자가 되어야 한다."라는 해방 전후 시인 유진오 시인의 말이 멋져 지금껏 '거리의 시인'으로 살고 있습니다.

한진중공업, 쌍용자동차 등 파업 노동자들과 연대하는 시민들을 위한 '희망버스'를 기획하고, 지난겨울 촛불 집회의 거점이자 마중물이 되어 준 '광화문캠핑촌' 촌장, 예술 검열에 저항하는 거리 극장 '블랙텐트' 운영 위원으로 활동하면서 부당한 권력에 저항하는 시민들과 함께 거리 곳곳에서 목소리를 내 왔습니다. 현재는 지난 정부의 문화예술인 탄압 진상을 밝히기 위한 블랙리스트 진상조사위원회의 간사로 일하고 있습니다.

펴낸 책으로 시집 『꿀잠』, 『사소한 물음들에 답함』, 『나는 한국인이 아니다』와 산문집 『꿈꾸는 자, 잡혀간다』가 있습니다. 상보다 정의를 지키고 약자의 편에 서다 벌 받는 일을 더 사랑하는데, 어쩌다 보니 신동엽문학상, 천상병문학상, 고산문학대상, 5.18들불상 등도 받게 되었습니다. 나이 먹을수록 더 철들지 말고 청년으로 살아가자는 것이 인생 최대의 목표입니다.

 # 나는 고발한다

법정에 선 것은 프랑스입니다

나는 궁극적 승리에 대해 결코 절망하지 않습니다. 더욱 강한 신념으

로 거듭 말합니다. 진실이 행진하고 있으며 아무도 그 길을 막을 수 없

음을! 진실이 땅속에 묻히면 자라나 더 무서운 폭발력을 축적합니다.

이것이 쏙발하는 날에는 세상 모든 것을 휩쓸어 버릴 것입니다.

내가 한 행동은 진실과 정의의 폭발을 앞당기기 위한 혁명적인 조치입

니다. 내가 가진 것은 그토록 많은 것을 이루었고 행복하게 살 권리를

소년소녀, 정치하라!

가진 인류에 대한 뜨거운 정열뿐입니다. 나의 불타는 항의는 바로 내 영혼의 외침입니다. 그 때문에 법정에 끌려간다 해도 나는 기꺼이 받아들이겠습니다. 다만 모든 사람이 지켜보는 가운데 나를 심문하여 주십시오! 나는 기다리고 있습니다.

– 유시민 지음, 『거꾸로 읽는 세계사』, 푸른나무

1898년 1월 13일. 프랑스 작가 에밀 졸라는 이틀 밤을 꼬박 새워 대통령에게 보내는 공개편지를 썼다. 제목은 「나는 고발한다」였다. 〈로로르(L'Aurore, 여명)〉라는 신문에 실었다. 1894년 9월, 프랑스 군대의 기밀 사항을 독일에 넘겼다는 간첩 혐의로 감옥에 갇혀 있던 드레퓌스 대위의 무죄를 밝히는 글이었다.

당시 드레퓌스는 프랑스와 적대적인 관계였던 독일계 유대인이라는 까닭만으로 변호인의 도움조차 금지된 마녀재판을 받고 감옥에 갇혀 있었다. 간첩 혐의 문서에 쓰인 글씨체와 비슷한 글씨체를 가졌다는 것뿐 어떤 증거도 없었다. 재판 과정에서 필적 감정을 받아 드레퓌스의 글씨체가 아니라고 밝혀졌지만 재판부는 글씨체조차 조작해 썼다는 말도 안 되는 근거를 들어 그에게 종신형을 선고했다.

'유대인은 프랑스의 적이다. 매점매석한다. 신을 살해한 민

족이다.'라는 반유대주의가 민족주의, 국수주의와 결합하여 프랑스와 유럽 전역을 휩쓸던 때였다. 드레퓌스는 이런 반유대주의 희생양이 되어 남아메리카 기아나 악마의 섬에서 종신 유배 생활을 하고 있었다. 5미터 깊이 땅속 끝없는 어둠이 가득한 독방이었다.

진실이 다시 세상으로 걸어 나온 건 참모본부 정보국에 새로 부임한 조르쥬 피카르 중령 덕분이었다. 그는 또 다른 간첩 사건을 조사하는 과정에서 진범이 에스테라지 소령이라는 것을

소년소녀, 정치하라!

알게 된다. 피카르 중령은 이 사실을 알리며 드레퓌스의 무죄를 주장했지만 군 법정과 국가는 자신들의 잘못을 가리고 반유대주의를 유지하기 위해 귀를 막고 만다.

1896년 11월 10일, 간첩 혐의 증거였던 문서 사본이 〈르마탱〉 신문에 실렸다. 한 증권사 직원이 에스테라지의 글씨체가 맞다고 증언하면서 새로운 국면이 전개된다. 하지만 프랑스 군 법정은 형식적인 재판을 열어 에스테라지에게 무죄를 선고한다. 도리어 피카르 중령은 국가 기밀 누설죄로 체포되었다.

이렇게 다시 진실이 죽어 가고 있을 때 용기 있게 펜을 꺼내든 이가 에밀 졸라였다. 그는 『목로주점』, 『나나』, 『제르미날』 등 지배 계급의 타락한 모습과 민중의 비참한 삶을 증언하는 소설을 써냈다. 당시 프랑스 문학의 대표자로 꼽혔지만 고초를 마다하지 않았다. 에밀 졸라 역시 「나는 고발한다」를 쓴 후 군 법정을 중상모략 했다는 이유로 법정에 서게 되었다.

법정에 선 것은 나도, 드레퓌스도 아닙니다. 그것은 프랑스입니다. 프랑스의 운명이 이 법정에 달려 있습니다.

-유시민 지음, 『거꾸로 읽는 세계사』, 푸른나무

에밀 졸라는 항변했지만 결국 징역 1년을 선고받았다. 항소 중에 영국으로 망명했다가 1899년에야 귀국할 수 있었다. 에밀 졸라의 고발 이후 사회학자 에밀 뒤르켐, 화가 모네 등 수많은 유명 인사가 재심 청원에 동참했다. 이렇게 조금씩 진실이 물으로 나오게 되었다. 세계의 양심들이 에밀 졸라와 드레퓌스의 무죄를 함께 외치기 시작했다.

결국 프랑스 대통령은 1898년 8월 드레퓌스를 종신형에서 10년 형으로 감형하고 사면할 수밖에 없었다. 드레퓌스가 최종 재심을 받고 1906년 무죄를 인정받기까지 무려 12년의 세월이 흘렀다. 안타깝게도 에밀 졸라는 1902년 의문의 가스 중독 사고로 숨지고 말았다. 그는 먼저 갔지만, 아직도 드레퓌스 사건과 『나는 고발한다』는 '역사상 위대한 소동'의 하나이자 잊어서는 안 될 인류의 교훈으로 남아 있다. 미국 작가 마크 트웨인은 "나는 졸라에게 깊은 존경과 가없는 찬사를 보내고 싶다. 군인과 성직자 같은 겁쟁이 위선자 아첨꾼은 한 해에도 백만 명씩 태어난다. 그러나 잔다르크나 에밀 졸라 같은 인물이 나오는 데는 5세기가 걸린다."라고 쓰기도 했다.

에밀 졸라처럼 진실을 알리고 실천하는 이들이 스스로를 '지식인'이라 칭했다. 이후, 지식인은 보편적인 가치를 위한 활동에

소년소녀, 정치하라!

적극적으로 참여하여 잘못을 바로잡으려는 사람들을 가리키는 말이 되었다.

1998년 1월 13일 에밀 졸라가 「나는 고발한다」를 발표한 지 100주년이 되던 해. 프랑스 정부는 에밀 졸라가 생전에 살던 집에 기념비를 헌정했다. 프랑스 국립 도서관은 「나는 고발한다」의 원본과 드레퓌스 사건 관련 문서들을 진열했다. 법무부와 국방부 장관은 에밀 졸라의 무덤 앞에 서서, 다시는 국가 권력의 이름으로 누구의 인권도 침해해서는 안 된다고 엄숙하게 다짐했다.

나는 자랑스럽습니다

그 후 '나는 고발한다'라는 이름으로 수많은 이들의 양심 선언이 있었다. 그중 나에게 가장 기억에 남는 것은 칠레 출신의 세계적인 시인 파블로 네루다의 『나는 고발한다』이다.

그는 첫 시집 『스무 편의 사랑의 시와 한 편의 절망의 노래』로 지금도 전 세계에서 가장 사랑받는 연애 시인으로 알려져 있다. 하지만 네루다는 일생 동안 사회적 진실에 눈감지 않고 가난한 민중들과 함께한 '저항과 혁명의 시인'이기도 했다. '시는 평화의 행동으로, 평화는 시인에게 빵을 만들 때 밀가

루가 필요한 것과 같다.'고 믿는 시인이었다.

1936년 왕당파 파시스트들과 민주주의를 갈망하는 공화파가 맞붙은 스페인 내전이 일어났다. 화가 피카소, 소설가 헤밍웨이, 앙드레 말로 등 수많은 지성이 공화파를 지원했다. 이때 그는 스페인 주재 칠레 영사였지만 공화파를 지지하고 파시스트 반대 활동을 하다 파면당했다. 그럼에도 진실의 편에 서는 것을 피하지 않았다.

네루다는 광부들의 지지를 받아 상원 의원이 되기도 했다. 당시 칠레는 초석과 구리 광산 수입이 전체 국가 경제의 70% 이상을 차지했다. 하지만 대부분의 광산은 미국과 유럽 제국주의 국가들 소유였다. 그들을 대리해 칠레를 통치하는 특권층 일부를 제외하고는 사람다운 삶을 살 수 없었다. 광부들은 한 개의 침낭을 번갈아 쓰며 24시간 맞교대로 일하면서도 신발 한 켤레조차 없었다. 겉옷이라곤 검게 그을린 피부가 전부였다. 주식은 실험용 쥐 모르모트를 잘게 썰어 삶은 국물이었다. 칠레 광부들은 질척거리는 탄광 바닥에 고작 널빤지 몇 개를 깔아 달라는 요구를 하다 진압에 나선 군에 의해 무참히 살해당하곤 했다. 광산 지역에는 정당이나 언론의 출입도 금지되었다.

안락한 의회의 회의실은 비참한 대중들의 아우성이 침범해 들어오는

소년소녀, 정치하라!

것을 막기 위해 두툼한 솜을 덧댄 것 같았다. 야당의 동료 의원들은 웅변적이고 애국적인 연설의 예술에는 전문가들이었다. 나는 그들이 펼쳐 놓는 엉터리 비단 병풍에 숨이 막힐 것 같았다.

―파블로 네루다 지음, 윤인웅 옮김, 『추억 하 』, 녹두

1946년 새로운 대통령 곤살레스 비델라가 취임한 후에도 상황은 달라지지 않았다. 부당한 정치 탄압이 거세지고 민중들에 대한 수탈과 착취가 심해졌다. 정의를 떠올리는 자들은 곧 강제 수용소로 끌려갔다. 노동자 대표들은 대통령궁의 저녁 만찬에 초대되었다가 그 자리에서 체포당하기도 했다.

더 이상 참을 수 없었던 네루다는 죽음을 각오하고 1948년 1월 6일 의회 연설에 나선다. 그는 어떤 심문 절차도 거치지 않고 죄목에 대한 통보도 없이 수용소에 감금되어 있는 628명의 이름을 큰 소리로 읽어 나가며, 비델라 대통령의 죄목을 빠짐없이 읊었다.

나는 그의 탄압이 내 어깨 위에 떨어진 것을 자랑스럽게 여깁니다.
… 나는 탄압받은 사람이며, 또 탄압받아 마땅합니다. 전제정치의 초기 단계에서는 자유를 수호하는 사람들을 탄압해야 합니다… 그러나 탄

압은 결코 성공을 거두지 못할 것입니다. … 우리는 분명 고립될 것입니다. 그러나 사방에서 보이지 않는 실처럼 민중과 자유인들의 형제애와 연대가 솟아날 것입니다. 그들은 침묵당하지 않을 것입니다.

－애덤 펜스타인 지음, 김현균·최권행 옮김, 『빠블로 네루다』, 생각의나무

칠레 대법원은 그다음 날로 즉각 네루다의 상원 의원 면책 특권을 박탈하고, 국가 원수 모독죄로 체포 영장을 발급했다. 네루다는 2년여를 지하로 숨어 다니다, 빙하에 덮인 안데스 산맥을 목숨 걸고 넘어 아르헨티나로 탈출했다. 그 후 5년 여 동안 전 세계를 떠도는 망명자 생활을 이어 나가야 했다. 그럼에도 그의 꿈은 누군가에게 복수하거나, 단죄하는 것이 아니었다.

나는 쓰는 것이다 소박한 사람들을 위해서
변함없는 이 세상의 기본적인 요소들-물과 달을
학교와 빵과 포도주를
기타나 연장류 등을 갖고 싶어 하는
소박한 사람들을 위해서 쓰는 것이다

나는 민중을 위해 쓰는 것이다 가령

소년소녀, 정치하라!

그들이 나의 시를 읽을 수 없다 하더라도

나의 생활을 일신시켜 주는 대기여

언젠가 내 시의 한 구절이

그들의 귀에 다다를 때가 올 것이다

그때 소박한 노동자들은 눈을 뜰 것이다

광부는 바위를 깨면서 웃음을 머금고

삽을 손에 쥔 노동자는 이마를 닦고

어부는 손 안에서 뛰노는 고기가

언제나와 마찬가지로 반짝반짝 빛나는 것을 볼 것이며

산뜻하게 갓 닦은 몸에

비누 향기를 뿌린 기관사는

나의 시를 친찬히 들여다볼 것이다

그리고 그들은 틀림없이 말할 것이다

"이것은 동지의 시다"라고

그것으로 충분하다

그것이야말로 내가 바라는 꽃다발이다 명예다

ㅡ호치민 등 지음, 김남주 옮김, 「커다란 기쁨」, 『은박지에 새긴 사랑』, 푸른숲

이런 꿈을 가졌던 네루다는 살아생전 160여 개 언어로 시집이 번역되고, 노벨문학상을 받는 전 세계에서 가장 사랑받는 시인이 되었다. 그러나 죽는 순간까지 행복하지 못했다. 네루다는 1970년 칠레공산당 대통령 후보로 선거에 나섰다. 그러나 사회당의 살바도르 아옌데가 칠레인민연합의 단일 후보가 되도록 스스로 사퇴했다. 이로 인해 전 세계 최초로 선거를 통한 사회 혁명을 이룬 주역이기도 했다.

하지만 간교한 역사는 때로 정의를 무참히 짓밟기도 한다. 미국은 소유한 광산의 이익을 지키고 싶었고, 중남미로 칠레 선거 혁명의 여파가 번지기를 원하지 않았다. 칠레 피노체트 장군은 미국의 지원을 받아 군사 쿠데타를 일으킨다. 결국 무혈 선거 혁명이라는 칠레의 실험과 네루다가 가졌던 소박한 만년의 꿈은 산산조각 나고 만다. 1973년 9월 11일, 아옌데 대통령이 쿠데타 세력에게 피살당한다. 10여 일 후 네루다 역시 충격으로 급격히 건강이 악화되어 세상을 떠났다. 생전에 네루다는 이슬라 네그라 바닷가 자택에 묻히고 싶어 했으나 군부는 이를 무시하고 그를 산티아고 공동묘지에 안장했다. 시인의 유해는 20년이 지나 국민 정부가 들어서면서 이슬라 네그라의 집 앞으로 돌아올 수 있었다. 피노체트는 추방되어 국제 전범 재판소에 기소되었다.

소년소녀, 정치하라!

그렇게 나를 알고 싶으면 사랑한다고 말해야지, 이게 뭐냐고

아직도 철책을 안고 반으로 나뉜 대한민국에서 '거리의 시인'으로 사는 나도 그런 멋진 작가가 되어 보고 싶다. 모든 불평등과 부정의에 맞선 정의와 양심을 잉크 삼아 참된 인류애라는 시를 써 보고 싶다. 당대에 이름을 알리는 일이나 안락을 좇는 대신 역사와 미래의 진실을 향해 가며, 오늘의 고립과 고독과 가난과 탄압을 도리어 자랑스러워 할 수 있는 시인이 되고 싶다.

'지식인'이 어떤 사회적 맥락 속에서 탄생한 말인지를 기억하는 명예로운 시민이 되고 싶다.

십수 년간 사회적 투쟁의 현장에서 얻어맞고 끌려다니는 시인이 되기도 했다. 1,100만 비정규직 편에도 서 보고, 핵과 전쟁의 반대편에도 서 보고, 무자비한 자연 착취에 맞서는 생태 환경의 편에도 서 보았다. 소수자의 편에 서서 인권을 생각해 보고, 여성의 편에 서서 남성의 폭력을 점검해 보기도 했다. 그렇게 살다 각기 다른 경찰서에서 보낸 여섯 통의 소환장을 한날한시에 받는 호사를 누려 보기도 했다. 그러나 나는 아직도 잡범. 나의 시는 여태 역사의 본질에 가닿지 못하고, 나의 실천은 늘 감상의 변두리를 기웃거리거나 요란스레 변죽만 울리고 있다.

다음 시는 그런 나의 주변머리를 담아 본 시 중 하나다. 모든 권력은 실제 존재할 수 없는 허상이기도 하다. 모든 세상의 어린아이들을 보라. 어떤 인류도 다른 인류의 위에 설 수 있는 '권력'을 타고나지 않는다. 특히 타인을 향한 폭력에 대한 의지 같은 것을 타고나지 않는다. 모든 권력과 자본은 약간만 관점을 달리해도 턱없이 우스꽝스러운 일에 지나지 않는다는 생각을 담아 본 시다. 더불어 우리 생의 나이가 육체적 나이 몇 살에 불과하지 않고, 저 오래된 인간의 대지 위에 걸쳐져 있음을 이야기하고 싶었다. 권력을 조롱하는 듯 보이지만 사실은 더 큰 꿈을 가져 보자는 말 걸기였다.

영장 기각되고 재조사 받으러 가니

2008년 5월부터 2009년 3월까지

핸드폰 통화내역을 모두 뽑아왔다

난 단지 야간 일반도로교통법 위반으로 잡혀왔을 뿐인데

힐금 보니 통화시간과 장소까지 친절하게 나와 있다

청계천 탐앤탐스 부근……

다음엔 문자메씨지 내용을 가져온다고 한다

함께 잡힌 촛불시민은 가택수사도 했고

통장 압수수색도 했단다 그러곤

의자를 뱅글뱅글 돌리며

웃는 낯으로 알아서 불어라 한다

무엇을, 나는 불까

풍선이나 불었으면 좋겠다

풀피리나 불었으면 좋겠다

하품이나 늘어지게 불었으면 좋겠다

트럼펫이나 아코디언도 좋겠지

일년치 통화기록 정도로

내 머리를 재단해보겠다고.

몇년치 이메일 기록 정도로

나를 평가해보겠다고

너무하다고 했다

내 과거를 캐려면

최소한 저 사막 모래산맥에 새겨진 호모싸피엔스의

유전자 정보 정도는 검색해와야지

저 바닷가 퇴적층 몇천 미터는 채증해놓고 얘기해야지

저 새들의 울음

저 서늘한 바람결 정도는 압수해 놓고 얘기해야지

그렇게 나를 알고 싶으면 사랑한다고 얘기해야지,

이게 뭐냐고

─ 송경동 지음, 「혜화경찰서에서」, 『사소한 물음들에 답함』, 창비

혹, 접속이 된다면 이 책을 읽을 소년소녀들도 잘못된 기성
의 질서에 주눅 들지 않기를 바란다. 정치는 어른들의 것이라는
잘못된 신화에서도 벗어나기를 바란다. 모든 인류의 혁명은 대

소년소녀, 정치하라!

부분 기성의 질서에 때 묻지 않은 젊은 청년들에 의해 수행되었다. 세상을 살아가는 데 필요한 모든 것은 세 살 무렵에 배웠다는 어떤 이의 말도 남겨 둔다.

시인의 삶에 담긴 사랑, 노래, 투쟁

파블로 네루다, 『파블로 네루다 자서전』

파블로 네루다만큼 매력적인 시인이 전 세계에 과연 몇 명쯤 될까. 스무 살에는 사랑에 관한 시집을 펴냈다. 서른 살 무렵까지는 세계의 정반대편인 아시아를 여행하며 우울한 『지상의 거처』에 빠져든다.

하지만 그것도 잠깐뿐 네루다는 이내 스페인 내전에 공화파의 일원으로 참여하며 '현대 문학에서는 금지되었지만 인류의 염원에 깊이 뿌리내리고 있는 인본주의로 향한 길'로 나선다. 그 길의 기록인 『내 가슴속의 스페인』은 공화파 군인들에 의해 식량과 옷 대신 배낭에 담겨 전선으로 옮긴 귀한 책이 되었다.

긴 여행을 마치고 돌아 와 쓴 장편 서사시 『모든 이들의 노래』에서는 1492년 콜럼버스가 아메리카 대륙에 상륙

소년소녀, 정치하라!

『파블로 네루다 자서전』| 지은이 파블로 네루다
옮긴이 박병규 | 민음사 | 2008

한 후부터 서구 유럽이 저지른 잔인한 식민지 개발의 역
사를 다뤘다. 남미 민중들의 역사적 정체성을 저 역사의
바닥으로부터 끌어올린 게 『모든 이들의 노래』였다. 아르
헨티나 태생 혁명가였던 체 게바라의 피 묻은 배낭에서
네루다의 시들을 필사한 노트가 나온 게 우연이 아니었다.

　말년엔 피노체트의 군사 쿠데타를 겪으며 갑작스레
죽음을 맞았다. 더 이상 위대하지 않아도 되는 세상의 하
찮은 만물들에게 생기와 웃음을 불어넣는 『소박한 것들
에 바치는 송가』를 썼던 순간에도 결코 평범할 수 없는 삶
의 나날이었다. 인간의 존엄함이 어떤 것인지 가르쳐 주
는 책, 때로는 인간의 가벼움이 무엇일까도 가감 없이 읽
게 만드는 이런 훌륭한 자서전이 또 어디에 있을까.

: 황윤 : 영화감독

비인간 동식물(non-human beings)의 말과 마음을 카메라를 통해 인간 세상에 전하는 통역사를 자처하고, 좋은 통역사가 되기 위해 노력 중입니다. 동물원, 도로, 공장식 축산, 수족관 등 산업 사회의 다양한 공간 그리고 그 속에서 살아가는 인간과 비인간 동물들의 관계를 탐구하는 다큐멘터리 영화를 만들고 있습니다.

옴니버스 영화 <광장> 중 <광장의 닭>(2017), <잡식가족의 딜레마>(2015), <어느 날 그 길에서>(2006), <침묵의 숲>(2004), <작별>(2001) 등을 만들었고, 베를린국제영화제, 암스테르담국제다큐멘터리영화제, 야마가타국제다큐멘터리영화제, DMZ국제다큐멘터리영화제, 부산국제영화제, 서울환경영화제 등에서 상영하고 수상했습니다.

<한겨레>, <경향신문>, <한국일보> 등에 고정 칼럼을 쓰고 있고『숨통이 트인다』,『동물, 아는 만큼 보인다』를 다른 이들과 함께 썼습니다.『그린 멘토, 미래의 나를 만나다』,『그건 혐오예요』,『나는 뜨겁게 보고 차갑게 쓴다』,『감독, 독립영화를 말하다』에 인터뷰이로 참여했습니다.

영화 한 편이 세상을 바꿀 수는 없겠지만, 세상을 보는 사람들의 눈과 마음을 바꿀 수는 있다고 믿으며 오늘도 열심히 약자들의 목소리를 카메라에 담습니다.

 # 동물과 정치가
대체 무슨 상관이냐고요?

동물원에서 찾은 인생의 전환점

제 직업이 영화감독이 될 거라고는 꿈도 꾸지 않았어요. 비록 낙선했지만, 20대 국회의원 선거에서 녹색당 비례대표 후보로 출마하기도 했습니다. 영화감독이 되겠다, 국회의원이 되겠다는 생각을 제가 청소년 시절부터 했을까요? 천만에요. 10대 시절의 저에게는 그 어떤 것도 되고 싶다는 생각이 없었어요. 꿈이 없다는 건 매우 슬픈 일이에요. 친구들도 비슷했어요. 이른 아침부터 늦은 밤까지 공부하는데, 오직 대학에 가는 것만이 우리들

소년소녀, 정치하라!

의 목표였어요.

꿈이 없었던 게 우리들의 탓이라고만 생각하진 않아요. 그 시절, 제 주위의 어른들은 아무도 우리의 '꿈꿀 자유'를 허락하지 않았거든요. 입시 경쟁도 힘들었지만 학교는 권위와 폭력으로 숨 막히는 곳이었어요. 선생님들은 종종, 작은 잘못에도 학생들을 때렸어요. 학생의 가방은 단정해야 한다며, 가방에 배지나 열쇠고리 등 그 무엇도 달지 말 것을 명령한 선생님도 있었지요. 학교에선 치마만 입어야 했어요. 그때는 교복 대신 자유 복장으로 학교에 다니던 시절이었는데, 학교 규정 때문에 우리는 바지를 입을 수 없었어요. 추운 겨울에도 치마를 입어야 한다는 게 이해되지 않았지만, 규정이니까 따라야 했어요.

저는 겉으로는 모범생이었지만 속으로는 반골 기질이 강했어요. 이해할 수 없는 규칙, 오직 힘의 논리로 어른들이 청소년을 굴복시키고 부당한 행동을 강요하는 것은 옳지 않다고 생각했어요. 반항인지 저항인지 정의감인지 모를 무언가가 가슴에서 들끓었지만 행동으로 옮길 용기는 나지 않았어요. 저는 죽어라 공부만 했어요. 그런 지옥 같은 환경에서 벗어나 대학에 가는 것만이 유일한 꿈이었거든요. 슬픈 일이었죠.

시간이 흘러 저도 어른이 되었어요. 무엇에 흥미를 느끼는지, 어떤 일을 할 때 가슴이 뛰는지 마음으로 몸으로 탐구하며 대학 시절을 보냈어요. 그런데 막상 졸업이 다가왔을 땐 하고 싶은 일보단 남들처럼 안정적인 회사에 들어가는 길을 택했어요. 지금은 '내가 좋아하는 일'이 '밥'도 먹여 준다고 생각하지만, 당시엔 밥을 위해 꿈을 포기해야 한다고 생각했거든요. 그렇게 콩나물시루 같은 버스에 몸을 싣고 출퇴근길을 오가며 위장병과 두통에 시달리던 어느 날, 대책 없이 회사를 때려 치웠습니다.

자유의 몸, 다시 말해 '백수'가 된 저는 그때부터(그때서야 비로소!) 재미있는 일을 찾기 시작했어요. 20대 중반이 되고 나서야, 누군가가 바라는 삶이 아니라, 내가 원하는 삶을 찾아 나선 거예요. 이정표 없는 사막에 홀로 선 것처럼 막막했지만, 모험은 딱 그만큼의 막막함을 요구했어요.

그즈음 부산국제영화제에 놀러 갔다가 몇 편의 다큐멘터리 영화를 보게 됐고, 묻히거나 왜곡될 수 있었던 진실을 알리는 다큐멘터리 영화의 가치와 힘에 반했어요. 나도 만들어 보고 싶다는 꿈을 갖게 됐죠. 몇 편의 영화 작업에 참여하고 시행착오를 겪으며 배우다가, 인생의 전환점을 맞았어요. 2000년 4월, 동물원에서였어요. 날씨가 더워 몸에 녹조가 낀 북극곰이 시계추처럼 반복해서 머리를 흔드는 모습을 보았어요. 정상이 아니라고 생각했지요.

별이 된 호랑이, 크레인이 남긴 것들

그날 이후 캠코더 하나만 들고 동물원 전시장의 동물들을 촬영하기 시작했어요. 그들의 눈동자와 표정이 내게 이야기를 들려주고 있는 것 같았거든요. 호랑이, 고릴라, 침팬지는 눈빛으로 말했어요. 밖으로 나가고 싶다고, 친구와 함께 있고 싶다고, 고향으로 가고 싶다고……. 저는 그들의 이야기를 인간 세상에 전하는 '통역사'가 되고 싶었어요. 그렇게 전시장을 맴돌다가, 운명처럼 크레인을 만났죠. 태어난 지 2주밖에 되지 않은, 작은 새끼 호랑이였어요. 크레인은 근친 교배로 태어나 몸이 약했어요. 동물원은 멸종 위기종의 보전 센터 역할을 해야 하는데, 당시만 해도 한국의 동물원은 주먹구구식으로 교배를 시켰어요. 기관지가 약했고 눈에 백내장도 있었던 크레인이 빨리 죽을까 봐 사육사 아저씨들은 걱정이 많으셨고, 튼튼한 호랑이로 자라라고 중장비 '크레인'에서 따온 이름을 붙여 주셨어요.

크레인은 새끼 때부터 목줄에 묶이는 훈련을 받았어요. 야생성을 길들이는 훈련이었지요. 크레인은 답답해서 울고, 어두운 콘크리트 방에 홀로 갇혀 외로움에 울다 지쳐 잠이 들었어요. 당시 많은 방송에서 크레인을 찍어 프로그램을 만들었는데, 울고 있는 크레인의 모습은 한 컷도 나오지 않았어요. 화면에 비친 크레인은 아주 행복한 새끼 호랑이로 탈바꿈되어 있었지요. 한 손

을 철창 사이로 넣어 크레인을 쓰다듬고, 또 한 손으론 카메라를 들어 촬영하며, 저는 크레인에게 약속하고 또 약속했어요. '너의 이야기를 영화로 만들어 세상에 전할게.' 그렇게 가슴으로 울며 2001년, 다큐멘터리 영화 〈작별〉을 만들었습니다.

자라면서 송곳니가 입 밖으로 튀어나와 이른바 '인기 동물'이 되지 못한 크레인은 강원도 원주에 있는 부도 직전의 동물원 '치악 드림랜드'로 보내졌어요. 어린이들에게 꿈을 준다는 그곳 드림랜드는 동물들에겐 지옥이었어요. 부도 직전에 놓인 열악한 환경에서 동물들은 먹이도 제대로 먹지 못한 채 방치되고 있었

소년소녀, 정치하라!

어요. 2012년 11월 한겨레 기자, 동물 보호 단체 활동가들과 함께 크레인을 찾아갔어요. 앙상하게 피골이 상접한 크레인은 제가 이름을 부르자 다가왔어요. 쿵쿵 소리를 내며 철창에 몸을 비벼 댔지요. 크레인, 살아 있었구나.

크레인의 슬픈 삶이 언론에 조명됐고, 동물원에 갇힌 동물들의 복지에 대한 관심이 늘어났어요. 시민들의 요청으로 크레인은 서울대공원으로 돌아왔고, 그곳에서 노년을 보냈습니다. 이후, 19대 국회 장하나 의원이 '동물원법(동물원 및 수족관의 관리에 관한 법률)'을 발의했고, 일부 국회의원의 반대로 몇 년간 통과되지 못하다가 2016년 드디어 제정됐어요. 비록 중요한 사항들이 많이 삭제된 채 통과됐지만, 동물원에서 살아가는 동물들을 위한 최소한의 법적 장치가 처음으로 마련됐다는 점에서 큰 의의가 있어요.

단 한 번도 숲속에서 뛰어 본 적 없이 좁은 철창 안에서 평생 홀로 살다 간 크레인은, 남아 있는 동료들의 현실을 바꾸는 근거를 마련해 놓고 떠났습니다. 크레인은 동물원에서는 '잉여'였는지 몰라도, 우리 사회에는 잉여가 아니라 소중한 호랑이였던 거예요. 그의 이름과 삶을 기억하는 사람들이 있는 한 그 누구도 잉여가 아님을 저는 크레인을 통해 배우게 되었어요. 크레인은 제 인생의 길을 알려 준 은인이었어요. 크레인의 삶을 영화로 만들었던 저는, '누군가의 이름과 삶을 기록하고 기억하는 것이 갖는 힘'을 알게 되었지요.

동물에게 정치는 목숨이 달린 일

동물원에 왜 법이 필요할까요? 누구든 아무렇게나 동물원을 만들어 운영해도 처벌받지 않는다면 그게 과연 옳은 일일까요? 근대 동물원은 18~19세기 제국주의 시대 때 유럽과 북미, 일본 등에서 아시아, 아프리카의 동물들을 닥치는 대로 잡아다가 도시 한복판에 전시하면서 시작되었어요.

그러다 20세기 들어 생태계 파괴가 심각해지자 앞서서 동물권을 고민하던 동물원들은 사람들의 눈요기 공간에서 벗어나 '멸종 위기종 보전 센터'를 자처하게 됐고, 서식지와 거의 비슷한 환경을 동물들에게 제공하는 동물원도 생겼어요. 여기서 더 나아가, 요즘은 영상이나 홀로그램 같은 기술을 이용한 '동물 없는 동물원'도 모색되고 있어요. 진짜 야생에 살고 있는 듯한, 훨씬 더 다이내믹한 동물의 모습을 영상으로 볼 수 있기 때문이죠. 이런 세계적인 흐름을 따라, 한국의 동물원도 변화하기 시작했어요. 서울대공원 등 일부 동물원은 동물 복지를 위해 전에 비해 많은 노력을 기울이고 있지요. 하지만 여전히 감옥 같은 모습을 벗어나지 못하고 있는 동물원, 수족관들도 많아요.

소년소녀, 정치하라!

동물들은 인간의 눈요깃거리가 아니라, 시시각각 사라져 가는 야생에서 파견된 메신저예요. 우리는 그들에게 최소한의 복지가 아니라 최대한의 복지를 제공해야 해요. 동물의 생태 습성과 복지를 고려해야 하고, 서식지와 비슷한 환경을 제공해야 해요. 돌고래 쇼, 원숭이 쇼를 비롯한 동물 쇼는 그 자체가 학대이므로 하루빨리 법으로 금지해야 합니다. 법이 제시하는 복지 기준을 충족시키지 못하는 동물원은 설립을 허가하지 않거나 운영을 중단시킬 수 있어야 해요.

2016년에 제정된 동물원법은 이런 수준에 한참 미치지 못하는 상징적인 수준이지만, 개정을 위해 20대 국회의 몇몇 의원들과 시민 단체들이 노력하고 있어요. 동물원 동물들의 복지에 진짜 도움이 되는 법이 되도록 말이에요. 이게 바로 동물의 삶과 정치가 무관하지 않은 이유예요. 관련이 있는 정도가 아니라, 동물에게 정치는 절박한 현실이라는 말이 더 어울리겠네요. 정치를 통해 만들어지는 법과 제도에 그야말로 '목숨'이 달려 있으니까요.

돈가스와 살처분, 그리고 보송보송한 솜털 사이에서

그럼, 동물원 밖 야생에서 살아가는 동물들의 삶은 마냥 자유롭고 행복할까요? 길에서 교통사고로 죽는 야생동물이 몇 마리나 될까요? 하늘다람쥐, 삵, 수달 같은 멸종 위기종, 개구리, 두꺼비 같은 양서류를 포함해서 연간 100만 마리 이상의 야생동물들이 교통사고(로드킬, roadkill)로 먼지처럼 사라져 가고 있어요. 한국은 도로 밀도가 매우 높은 나라인데도 지금도 새로운 도로들이 혈세를 낭비하며 필요 이상으로 만들어지고 있지요. 이 땅의 아름다운 야생동물들이 로드킬로 다 사라져 버리기 전에, 필요 이상의 도로 건설을 규제하는 법이 만들어져야 하지 않을까요? 이런 질문을 담아 〈어느 날 그 길에서〉라는 다큐멘터리 영화를 만들었어요.

야생동물에 대한 걱정과 바쁜 작업을 잠시 내려놓고 아기 엄마가 되어 2년간 육아에 전념했어요. 그런데 어느 날, TV에 이상한 뉴스가 나오기 시작했어요. 구제역이라는 병 때문에 소, 돼지를 살처분한다는 거예요. 처음 들어 보는 '살처분'이라는 단어가 너무 이상했어요. 생명을 죽인다는 '살(殺)'이라는 말이 어떻게 '처분'이라는 말과 나란히 놓일 수가 있나요? 이렇게 무서운 말이 뉴스 아나운서, 공무원들의 입에서 아무렇지 않게 흘러나왔어요. 그리고 이렇게 처분되는 생명들의 숫자가 놀라웠어요. 몇 마리도 아니고, 몇십 마리도 아니고, 몇만 마리, 몇 십만 마리 ……. 그렇게 2010년 말부터 2011년 봄까지, 무려 350만 마리의 소, 돼지가 산 채로 매장됐어요.

소년소녀, 정치하라!

정말 현실인가 싶었어요. 여러 가지 의문이 들기 시작했어요. '우리는 돼지를 먹어서 돼지가 우리 몸의 일부가 되는데도 왜 저렇게 그들을 폭력적으로 대할까?', '돼지는 흔한 것 같은데 나는 왜 돼지를 본 적이 없을까?' 돈가스와 치맥을 먹으며 멸종 위기 호랑이와 북극곰의 미래를 걱정하던 저는 그제서야 처음으로 제 접시 위의 돈가스, 아니, 돈가스가 되기 전 돼지들의 삶에 관심을 갖게 됐어요. 그때부터 시작된 '돈가스 마니아의 돼지 찾아 삼만리'는 4년간의 여정을 거쳐 〈잡식가족의 딜레마〉라는 영화로 만들어졌어요.

영화를 찍는 동안 돼지를 찾아 헤매며 알게 됐어요. 우리나라엔 총 1,000만 마리의 돼지들이 살고 있고, 우리가 평소에 돼지를 볼 수 없는 것은 그들이 죄다 '공장'에 갇혀 사육되기 때문이며, 농장에서 살아가는 돼지는 극소수라는 사실을. 돼지를 돼지답게 키우는 농장을 찾아 전국을 헤맸고, 강원도 깊은 산골에서 한 곳을 찾아냈어요. 축사엔 햇빛과 바람이 통하고, 돼지들이 갖고 놀 수 있게 볏짚도 넣어 주는 그곳은 돼지의 '돈격'과 '기본권'을 존중하는 농장이었어요. 그 농장에서 배가 남산만 한 어미 돼지 십순이를 만났어요. 8마리 새끼가 태어났는데 마지막으로 나온 막내에게 저는 '돈수'라는 이름을 붙여 주었어요.

십순이가 가쁜 숨을 몰아쉬며 진통을 견뎌 내는 모습을 지

켜보며 저의 출산이 떠올랐어요. 보송보송한 솜털을 가진 돈수
가 눈을 꼭 감은 채 엄마 젖을 먹는 모습을 보면 아들이 떠올랐
어요. 엄마 젖을 배불리 먹고 한껏 늘어져 자고, 꿈을 꾸는지 귀
를 쫑긋거리고, 까만 눈동자, 기다란 속눈썹, 보송보송한 털…….
돈수는 사람 아기인 제 아들과 다를 바 없이 사랑스러웠지요. 저
는 네 살 아들 도영이와 함께 돈수에게 볏짚, 야생초, 당근잎을
주고, 무더운 여름엔 물도 뿌려 주며 친구가 되어 갔어요. 아이는
어미 돼지들이 감금 틀에 갇혀 지내는 것을 슬퍼했지요. 살처분
을, 저는 아이에게 끝내 설명해 주지 못했어요. 그런 일을 인간이

소년소녀, 정치하라!

할 수 있다고, 해도 된다고 설명할 길이 없었거든요.

돼지는 더럽지도 미련하지도 않았어요. 그들은 작은 우리 안에서도 잠자는 곳, 먹는 곳, 화장실을 구분하더군요. 이 영화를 찍기 전에 돼지에 대해서라면 돈가스와 저금통밖에 아는 게 없었던 저는, 십순이와 돈수를 보며 돼지가 인간과 얼마나 닮은 점이 많은지 알게 됐어요.

우리나라에서 사육되는 대부분의 돼지들은 농장이 아니라 공장에 살고 있어요. 암돼지들은 한 마리씩 '스톨'이라는 감금 틀에 갇혀 살아가는데, 이 안에서 몸을 한 바퀴 돌릴 공간조차 없어 앉았다 일어났다 외에는 할 수 있는 동작이 없어요. 여성 돼지들은 감금 틀에 갇히는 고통만 겪는 게 아니에요. 인공 수정을 통해 강제 임신되고, 출산 후 새끼들을 충분히 돌볼 기회도 없이 단 3~4주 만에 새끼를 빼앗기고 또다시 임신당해야 하는 고통의 수레바퀴를 맴돌아요.

어미 돼지들의 감금 틀에는 각자의 '성적표'가 매달려 있어요. 출산한 새끼 수를 적는 표예요. 출산 성적이 좋지 않은 어미 돼지는 도축되는 것이죠. 어미 돼지 성적표를 보는 순간, 소름이 돋았어요. 학교에서는 성적에 따라 줄 세우고, 취업 후에는 영업 실적에 따라 언제든 직장에서 쫓겨날 수 있는 우리 현대인의 삶은 공장식 축산에서 성적에 따라 삶과 죽음이 결정되는 여성 돼지들의 운명과 뭐가 다른가요? 평생 동안 인공 수정으로 임신과 출산을 강요받는 여성 돼지들의 고통은, 지구 곳곳에서 강간과 폭력에 노출되는 인간 여성들의 고통과 다른가요? 많은 고기 생산을 목표로 가축의 생명을 쥐어짜는 공장식 축산은 효율과 성장을 목표로 노동자들의 생명을 쥐어짜는 자본주의 논리와 다른가요?

동물이 존중받을 때 인간도 인간다울 수 있다

사람 살기도 힘드니 동물과 자연의 권리는 '우선순위'에서 나중으로 미루자고 생각하는 분들이 계실지도 모릅니다. 그런데 100년 전 노예제를 찬성했던 사람들도 노예제 폐지를 외치는 사람들에게 똑같은 말을 했습니다. 사회가 발전하려면 노예의 노동력이 반드시 필요하다고 말이지요. 오랜 세월 남성도 여성에게 똑같이 말했습니다. 남자들이 밖에서 중요한 일을 해야 하니 여자들은 집에서 남자를 위해 봉사해야 한다고 말이에요. 과거에 당연하게 생각했던 이런 이데올로기는 지금은 더 이상 유효하지 않습니다.

자, 그렇다면, 지금과 같은 인류와 동물의 관계 역시 언젠가는 당연하지 않은 날이 올 겁니다. 여성이 남성의 노예가 아닌 것처럼, 유색인종이 백인들의 노예가 아닌 것처럼, 비인간 동물

소년소녀, 정치하라!

역시 단지 인간이 아니라는 이유로 영원히 인간의 노예로 살아야 하는 건 아닙니다. 적어도 정의로운 세상을 꿈꾸는 사람이라면, 인류가 비인간 동물을 착취하는 폭력적 시스템에 대해 목소리를 내야 한다고 생각합니다.

지금 우리가 동물과의 관계를 다시 생각해야 하는 또 다른 이유는, 인간이 동물을 착취해 온 탐욕이 재앙이 되어 우리 자신에게 돌아오고 있기 때문이에요. 살충제 계란이 바로 대표적인 예입니다. 유럽에서는 이미 폐지됐을 정도로 잔인한 사육 방식인 '배터리 케이지'에서 암탉들을 알 낳는 기계처럼 사육한 결과, 닭들의 면역력이 떨어지면서 '이'라는 해충이 창궐하게 됐고, 이를 잡기 위해 살충제를 뿌렸기 때문이지요.

동물 복지 축산에서는 닭들이 자유롭게 땅에서 걸어 다니고, 흙 목욕을 하고, 햇볕도 쬐기 때문에 닭들이 이에 시달리지 않아서 살충제를 뿌릴 필요도 없어요. 살충제 계란 대란은 공장식 축산의 필연적인 결과입니다. 자연의 순리대로 동물을 키우면 일어나지 않았을 일이죠. 사실, 살충제만이 아니라 각종 약물과 호르몬제가 축산 현장에서 가축들에게 투여됩니다. 사료는 유전자 변형(GMO) 곡물이고요. 이렇게 키운 동물을 먹는 것이 건강에 좋을 리가 있을까요?

1990년대 정부 주도로 시작된 공장식 축산으로 육류가 대량 생산되면서 대량 소비로 이어졌는데, 육류 소비의 증가와 비례해서 고혈압, 심장병, 뇌졸중, 당뇨, 암, 비만 발생도 급증했어요. 제가 어릴 적엔 들어 보지도 못했던 구제역과 조류독감(AI)이 최근 들어 거의 매해 발생하게 됐고 그때마다 살처분을 합니다. 수조 원에 달하는 국민 혈세가 살처분에 쓰이는 문제도 심각하지만, 살처분에 동원된 노동자들의 트라우마도 심각해요. 심각한 불면증과 우울증을 앓고 자살하는 분들도 많습니다. 축산 현장에서 동물 사육과 청소를 담당하는 것은 주로 캄보디아, 네팔, 중국 등에서 오는 이주 노동자들이에요. 돼지 농장에서 분뇨를 치우다가 독가스로 질식사한 이주 노동자들의 이야기, 들어 보았나요? 축사 근처 마을 주민들과 학생들은 일상적인 악취로 고통받고 있어요. 2017년 9월에 플로리다와 카리브해 섬나라들을 초토화시킨 초강력 허리케인은 지구 온난화 때문에 발생했습니다. 지구 온난화의 가장 큰 원인은 축산 메탄가스입니다.

이렇듯, 동물의 문제는 동물들만의 문제가 아닙니다. 동물을 가혹하게 착취하는 시스템이 바로 우리 인간의 생존을 위협하고 있으니까요. 동물이 건강할 때 인간도 건강할 수 있습니다. 동물이 생명으로 존중받는 세상에서만, 인간도 인간다운 대우를 받고 살 수 있지요. 인간 사회의 수많은 '을'들이 차별받고 고통받는 구조의 뿌리에는 인간이 비인간 '을'들을 착취해 온 오래된

'갑질'이 있습니다. 지금 우리의 도시는 동물과 자연의 피와 눈물 위에 건설된 도시입니다. 이런 세상에 진정한 평화가 찾아올 수 있을까요? 그러므로 동물권은, 인간 사회의 모든 문제를 해결한 후에 맨 마지막에 신경 쓸 문제가 아니라, 인권과 똑같이 중요한 문제입니다. 어쩌면 동물권이라는 말은 적절하지 않은지도 몰라요. 인간 역시 동물계의 한 구성원일 뿐이니까요. 모든 생명의 생존과 안녕은 서로 그물처럼 연결돼 있으니까요.

정치, 정의로움의 테두리를 넓히는 일

이 글의 시작에서 고등학교 때 이야기를 했는데요, 단지 선생님이라는 이유로 학생들을 때린 그 선생님을 떠올리면 지금도 모욕감과 분노가 일어요. 그때 제가 목소리를 내어 선생님의 폭력에 저항했다면 후배들은 덜 고생했을 텐데 속으로만 삭혔던 게 후회됩니다. 저희 할아버지는 독립운동가였어요. 고등학교 때 일제에 항거하여 싸우다 옥살이를 하셨어요. 정의로움과 인간다움을 위해 싸우다 돌아가신 할아버지 덕분에 저는 이렇게 살아 있어요. 나치의 홀로코스트는 히틀러 한 사람에 의해 일어나지 않았어요. 침묵으로 동조했던 수많은 군인과 시민들이 있었기에 가능했던 일이었죠. 반대로, 나치의 학살에서 살아남은 생존자들 중엔 동물권 운동가가 된 사람들이 굉장히 많아요. 저항할 수 없는 약자에 대한 폭력이 얼마나 잔인한 것인지 그들 스스로가 경험했기 때문이에요.

지난겨울, 박근혜 정권에 맞서 수많은 촛불이 들고 일어섰고 결국 촛불이 승리했어요. 정의로움을 위해 일어서는 것은 이렇게 아름답고 강한 힘입니다. 이제 우리, 이 정의로움의 테두리를 좀 더 넓혀 보아요. 비인간 동물들은 수백만 년 동안 대대손손 살아온 삶의 터전을 어느 날 갑자기 빼앗기고, 인간이 만든 길에서 차바퀴에 깔려 먼지처럼 사라지고, 멸종이라는 벼랑 끝으로 내몰리고, 오락과 산업의 노예가 되어 공연장에서, 전시장에서, 실험실에서, 공장에서, 끝이 보이지 않는 고통의 수레바퀴를 맴돌고 있습니다. "동물과의 관계에서 모든 사람은 나치이다." 작가 아이작 싱어가 말했어요. 이 거대한 폭력의 시스템에 동의하지 않는 것, 목소리 없는 그들을 위해 목소리가 되는 것, 저는 그것이 정의로움이라고 생각해요.

정치의 활동 범위를 인간과 국가로 한정하고, 정치의 주체를 직업 정치인으로 한정 짓는 좁은 의미의 정치 말고, 저는 우리가 더 넓은 의미의 정치를 해야 할 때라고 생각합니다. '인간뿐 아니라 모든 생명체가 생명다운 삶을 영위할 수 있도록 사회를 만들어 가는 일'이 정치의 역할이어야 한다고 생각합니다. 그렇다면 이 일의 주체는 글을 읽는 청소년 여러분을 포함한, 깨어 있는

소년소녀, 정치하라!

시민 모두가 되겠지요. 저는 그것이 민주주의라고 생각해요.

여러분이 국회의원이나 행정가 같은 직업 정치인이 되어 동물권과 동물 복지를 위해 법과 사회 제도를 바꾼다면 좋겠지만, 꼭 그렇지 않더라도 일상이 정치일 수 있어요. 우리가 먹고, 입고, 살아가는 모든 것들은 우리의 가치관을 반영하니까요. 무엇을 생산하거나 소비할 때, 어떤 일을 선택할 때, 우리는 그것이 우리의 생명 공동체이자 유일한 서식지인 지구에 해가 되는 것인지 그렇지 않은지 판단할 수 있습니다. 만약에 지금까지 습관적으로 해 왔던 의식주 방식, 혹은 어떤 소비 패턴이 동물과 자연에 해가 되는 것이라면, 과감히 생태적인 방식으로 바꿔야 합니다. 이 작은 별에서 살아남기 위해서라도 말이죠. 모든 생명이 연결되어 있음을 인식하는 것, 일상에서 하는 선택에 무심하지 않고 늘 주체적으로 생각하고 선택하는 것, 습관과 관습이 시키는 대로 하지 않고 내 안의 목소리에 따르는 것. 저는 그것이 정치적인 삶이라 생각합니다.

평화 마을로 가는 직행버스

찰스 패터슨, 『동물 홀로코스트』

혹시 '평화'라는 이름의 마을로 가는 버스를 찾고 있나요? 기왕이면 가장 빠른 직행버스를 타고 싶나요? 학교 폭력, 군대 폭력, 성폭력, 어린이 학대, 소수자 차별, 노동자 착취 대신, 존중과 평등과 웃음이 넘치는 마을로 이주하고 싶나요? 그렇다면, 그 마을로 가는 버스를 알려 줄게요. 버스에서 내리는 순간, 여러분은 '아!' 하는 감탄사와 함께, 이 버스가 여러분을 어디로 데려다주었는지 알게 될 거예요.

그 직행버스는 바로 『동물 홀로코스트』라는 책입니다. 제목처럼 내용도 아주 유쾌하지만은 않아요. 하지만 저는 광개토대왕이 만주를 정복한 역사보다 이 책에 담긴 역사가 훨씬 더 중요하다고 생각합니다. 저자가 밝혀

『동물 홀로코스트』 | 지은이 찰스 패터슨
옮긴이 정의길 | 휴(休) | 2014

낸 인류 역사의 패턴은 매우 놀랍습니다. 먼저, 인간이 동물을 노예화하고 착취합니다. 인간은 동물에게 했던 행동을 다른 인간에게 합니다. 인간이 인간에게 가하는 폭력은 다시 동물에게 반복됩니다. 이 연결 고리는 현재 진행형입니다. 가축의 생명을 짓밟는 공장식 축산이 전염병과 살처분을 부르고, 우리는 살생과 폭력에 점점 무뎌집니다. 분노와 살생의 에너지가 퍼지고, 모두 '욱'하는 사회가 되어 갑니다. 약자에 대한 통제 불가능한 폭력이 꼬리에 꼬리를 물고 이어집니다. 이 무서운 연결 고리를 끊고 싶다면, 폭력의 '근원'을 먼저 알아야 해요. 그런 다음에야 우리는 해결 방법을 찾을 수 있습니다. 자, 평화 마을로 가고 싶은 분은 어서 버스에 올라타세요!

소년소녀
정치탐구
8

나의 작은 용기가
다른 사람에게 희망이 된다면

+

마사 C. 누스바움, 『혐오에서 인류애로』

: 장서연 : 공익인권법재단 '공감' 변호사

변호사로 일하며 성 소수자, HIV/AIDS 감염인, 이주민 등 소수자 인권에 관한 활동을 하고 있습니다. 지난 대선과 총선, 여러 선거를 거치며 소수자 혐오를 조장하는 사람들에 대한 경각심을 느꼈습니다. 정치와 인권이 동떨어진 주제가 아님을 다시 한 번 깨닫고 정치에 더 관심을 갖게 되었지요.

하루 중 가장 좋아하는 시간은, 아침에 반려견 3마리와 공원을 산책하는 시간입니다. 인간을 위한 정치를 넘어 생태적 삶, 지속가능한 지구를 위한 정치의 필요성을 절실하게 느껴 녹색당 당원으로 활동하고 있습니다.

나의 작은 용기가
다른 사람에게 희망이 된다면

잠 못 이루던 분노와 슬픔의 밤

"동성애 반대합니까?", "반대합니다."

2017년 4월, 대통령 선거 방송 토론에서 대선 후보들이 주고받은 질문과 대답이다. 친구들과 맥주를 마시며 편안한 마음으로 방송 토론을 지켜보고 있던 나는 갑작스러운 '동성애 반대' 발언을 듣고 마음이 얼음장처럼 차가워졌다. 2017년이었다. 박근혜 정권의 국정 농단을 규탄하는 촛불 집회를 통해 대통령을 탄핵한 후 조기에 치르는 대통령 선거였다. 전 국민이 생방송으

로 지켜보는 방송이었다. 더불어민주당 문재인 후보는 인권 변호사 출신이자 당시 지지율 1위를 달리며 차기 대통령 당선이 유력했다. 이런 후보가, 홍준표 자유한국당 후보의 연이은 질문에 "동성애를 반대한다.", "합법화 찬성하지 않는다.", "좋아하지 않는다."라고 말하는 장면을 생방송으로 지켜보게 될 줄은 예상하지 못했다. 성 소수자 당사자의 한 사람으로서, 성 소수자 인권 운동을 10년 동안 해 온 공익 변호사로서, '한국 정치인들의 수준이 이 정도밖에 안 되나.' 하는 자괴감이 들었다. 그날 밤 트위터와 페이스북 타임라인에는 분노와 슬픔으로 잠 못 드는 이들이 많았다. 나도 그중에 하나였다.

무지개 깃발을 펼치고 문재인 후보 앞에 선 날

대선 후보들이 주고받은 '동성애 찬반' 발언에 대해 문제 제기가 필요했다. 정치인의 사회적 발언은 일반 시민들이 사적인 자리에서 하는 대화와 그 영향력이 다르다. 하물며 대통령 후보가 한 발언이었다. "동성애를 반대한다."라는 말은 "흑인을 반대한다.", "장애인을 반대한다."라는 말처럼 존재를 부정하는 말이다. 존재와 행위를 구분하지 못하고, 동성애에 대한 편견이나 무지, 이해 부족에서 나온 말이라고 생각했다. 동성애는 이성애와 마찬가지로 옳고 그름의 문제가 아니라 성적 지향일 뿐이다. 나는 성 소수자 인권 활동가들과 함께 문재인 후보 앞에 서서 나의 존재를, 우리의 존재를 보여 줘야겠다고 생각했다. 그다음 날 문재인 후보의 일정을 확인해 보니, 국회 앞에서 기자 회견이 있었다.

하늘이 파랗고 눈부시게 화창한 날이었다. 국회 앞 계단에는 문재인 후보를 지지하는 전직 군인들이 기념사진을 촬영하기 위해 늘어서 있었다. 마지막으로 문재인 후보가 기자 회견장에 도착했다. 문재인 후보가 연설을 마치자마자, 나는 무지개 깃발을 펼치고 다가가 질문했다. "문재인 후보님, 저는 동성애자입니다. 저를 반대하십니까?", "참여정부가 공약했던 차별 없는 세상, 차별금지법을 반대하십니까?" 나와 활동가들은 아무런 답변도 듣지 못하고 1분 만에 경호대에게 끌려 나왔다. 그리고 경찰서로 연행되었다. 우리의 행동에 대해 인터넷에서 설전이 오고 갔다. 문재인 후보 지지자들의 비판도 거셌다. 대선 정국에서 '동성애 이슈'가 화두가 되었다. 문재인 후보는 며칠 후 사과문을 발표했다. "저는 그 어떤 차별도 반대합니다. 우리는 여전히 다르다는 이유로 차별당하고, 핍박받는 시간을 살고 있습니다. 이 땅에 소수자로 살아왔던 분들의 아픔에 공감합니다. 마음을 열고 서로 인정해 가는 일이 자연스럽고 익숙해질 날이 꼭 올 것입니다. 저부터 더 많이 노력하겠습니다."

무지개 깃발을 펼치며 문재인 후보에게 다가가기 직전, 내

소년소녀, 정치하라!

머릿속에 많은 생각이 스쳐 지나갔다. 국회 경비대에 끌려가고 경찰서에 갇혀 있는 동안 오기가 발동했다. 이 상황이 비현실적으로 느껴지기도 했고, 그 어떤 순간보다도 의식이 명료하기도 했다. 성 소수자의 인권과 다양성을 상징하는 무지개 깃발을 뺏기지 않기 위해 손에 움켜쥘 때는, 세상의 차별과 혐오에 비관해 스스로 목숨을 끊은 성 소수자들을 생각했다. 돌아올 수 없는 그들의 손을 꽉 잡기라도 한 듯이. 그렇다. 내가 정치인들의 성 소수자 혐오 발언에 이렇게 분노하는 이유는 그들의 말 한마디가 누군가의 삶에 너무나 큰 해악을 끼치기 때문이다.

학교 안의 집단 괴롭힘을 방관하지 않았다면

내가 일하고 있는 '공익인권법재단 공감'은 소수자와 사회적 약자를 위한 공익 활동을 하는 변호사 단체이다. 2007년부터 공감에서 일하고 있는데, 10여 년 넘게 활동하면서 가장 아픈 기억으로 남아 있는 사건이 있다. 바로 청소년 성 소수자들이 처해 있는 열악한 환경 때문에 일어난 일이다.

2009년 한 고등학교에서 집단 괴롭힘을 당했던 청소년 성 소수자가 스스로 목숨을 끊었다. 부모가 교육청을 상대로 소송한 사실을 뒤늦게 알게 된 나는, 사건을 맡으면서 학생이 죽기 직전 남긴 글들을 읽게 되었다. 학기 초에는 적극적인 성격이었던 그 학생은 학교에서 동성애자라는 소문이 퍼지자 1년 가까이 집단 괴롭힘과 따돌림에 시달리며 위축되어 갔다. 담임 교사 및 상담 교사와도 상담했지만 소극적 대처에 머물렀고 괴롭힘은 멈추지 않았다. "내가 그렇게 잘못했는가? 내가 왜 이런 시선을 받아야 하는 걸까? 내가 없다면 더 이상 문제는 일어나지 않겠지……." 그가 마지막으로 남긴 글이다. 피해자인데도, 자신의 존재가 문제 원인이라고 느끼고 있었다.

그 학생이 집단 괴롭힘을 당하고 있을 때, 단 한 명이라도 손을 내미는 친구가 있었다면, 고통에 공감하고 문제를 해결하기 위해 노력한 교사가 있었더라면, 부모가 아이를 받아들이고 더 이해했더라면, 학교에서 성 소수자 차별을 금지하고 성적 다양성을 보장하는 교육 정책이 있었다면, 그는 다른 선택을 했을지도 모른다. 죽음보다도 더 슬펐던 건, 그런 선택을 하기까지 홀로 느꼈을 고통과 외로움이다. 그의 고통을 아무도 몰랐다는 사실이다. 바로 우리가 학교 안의 인권 문제와 학교 너머 사회, 정치적 문제에 관심을 가져야 하는 이유다.

서울학생인권조례가 탄생한 순간

학교에서 일어나는 차별과 폭력을 없애기 위한 노력의 결과로 학생인권조례들이 제정되었다. 특히 '서울특별시 학생인권조례'는 학생의 '차별받지 않을 권리'를 규정하고 있다. 여러 가지 차별 금지 사유 중에는 성적 지향과 성별 정체성에 따른 차별 금지도 포함되어 있다. 즉, 성 소수자 학생이라는 이유로 교육 과정에서 불이익을 주거나 차별해서는 안 된다는 내용이다. 또 최근에는 학교 안에서 차별적인 말이나 행동, 혐오적 표현으로 다른 사람의 인권을 침해해서는 안 된다는 규정을 새로 넣었다. 혐오 표현에 대한 첫 규제이다.

서울학생인권조례 제정 과정도 쉽지만은 않았다. 청소년 활동가들이 직접 서울학생인권조례안의 내용을 만들고, 거리에 나가 주민 발의에 대한 서명을 받았다. 서울시 전체 유권자의 1%

에 해당하는 10만여 명의 서명을 받은 것이다. 많은 사람들이 불가능하다고 했던 일이다. 청소년 운동 활동가들이 조례안의 내용을 함께 검토한 만큼 다른 지역의 학생인권조례보다 훨씬 진일보한 내용이 담겼다. 학생인권조례를 반대하는 사람들은, "시기상조다, 교실이 붕괴되고 교권이 무너진다."라며 근거 없는 주장을 내세웠다. 또 시의원들에게 성적 지향, 성별 정체성에 따른 차별 금지 규정이 '동성애를 조장한다.'는 악의적인 거짓말을 담은 문자 폭탄을 돌렸다. 서울학생인권조례를 지키려고 활동가들은 서울시 의원 회관을 점거하고 농성도 했다. 험난한 과정을 거쳐 2011년 12월, 기적처럼 서울학생인권조례안이 서울시의회에서 통과되었다.

학생 인권, 성 소수자 인권에 그다지 관심이 없거나 부정적이었던 시의원들을 설득하는 것이 불가능하다고 생각한 사람들도 있었다. 하지만 모든 정치인이 똑같지는 않았다. 지난 대선 방송 토론에서 심상정 정의당 후보가 "저는 동성애는 찬성이나 반대를 할 수 있는 이야기가 아니라고 봅니다. 성 정체성은 말 그대로 정체성입니다. 저는 이성애자지만 성 소수자들의 인권과 자유가 존중되어야 한다고 생각합니다. 그것이 민주주의 국가입니다."라고 명확하게 입장을 밝혀 큰 호응과 지지를 받은 것처럼, 서울학생인권조례 제정 과정에서도 성 소수자 인권을 적극

소년소녀, 정치하라!

적으로 옹호한 의원들이 있었다. 특히 서울시의회 본회의 때 김형태 교육 의원이 한 발언은 인상적이었다. "기독교인의 한 사람으로서 저는 그분들(반대하는 사람들)에게 묻고 싶습니다. 예수님이 정말 이 땅에 지금 살아 계시다면 과연 그분이 성 소수자들을 차별하라고 하실까, 그들을 향해서 돌을 던지라고 하실까. 적어도 제가 믿고 제가 아는 예수님은 분명히 그분까지도, 그들까지도 존중하고 배려할 것으로 믿습니다.", "양심을 가진 인간으로서 우리는 일반적으로 차별을, 특별히 성적 지향과 성별 정체성을 이유로 한 차별을 거부합니다." 한국 입법 기관에서 청소년 성 소수자 인권을 적극 옹호하는 의견을 공식적으로 밝힌 역사적인 순간이었다.

내가 커밍아웃을 결심한 이유

서울학생인권조례 제정 활동을 하면서, 불현듯 학창 시절의 한 장면이 떠올랐다. 내가 고등학교 1학년 때였다. 방송에서 한창 트랜스젠더(당시에는 트랜스젠더를 '게이'라고 불렀다) 이야기가 등장하고 있었다. 그즈음 같은 반 남학생이 지나가던 말로, "'게이'들은 사실 불쌍해. 어쩔 수 없으니까. 역겨운 건 '호모'들이야."라고 했다. 그 친구가 나에게 악의적으로 한 말은 아니었다. 그때는 아무도 내가 성 소수자일 수 있다는 것을 몰랐으니까. 그런데 오랫동안 기억에 남은 건, 그 말이 나에게 처음 다가온 두려움이자 상처가 됐기 때문이다.

　나는 학창 시절에 학생 운동을 한 경험도 없고, 사법 시험에 합격하고 사법 연수원을 수료할 때까지도 공익 변호사가 되리라고는 생각하지 못했다. 당연히 커밍아웃 하는 것도 주저했고 일상에서도 소극적이었다. 그러다 보니 점점 더 나의 생활에 대해서 숨기거나 거짓말해야 하는 상황이 늘어났다. 사람들은 내가 말하지 않으면 나를 당연히 이성애자라고 전제했다. 그나마 대학교에 다닐 때는 친한 친구들에게 커밍아웃 할 수 있었지만, 사회생활을 시작하는 사법 연수원 시절이나 검사로 일할 때는 성 소수자임을 밝히지 못했다. 나답게, 나 자신으로 살 수 없는 답답함을 더 이상 참기 어렵다고 느낄 즈음이었다. 검사직을 그만두고 공감에 지원하면서 나의 인생 경로가 완전히 바뀌었다. 공익 변호사 단체에서 일하겠다고 했을 때, 부모님도 처음에는 말리셨다. 이런 선택이 특이했는지 신문 기삿거리가 되기도 했다. 어떤 사람들은 특권을 버리고 '낮은 곳'으로 간다고 나를 칭찬했다. 그런데 솔직하게 말하면, 당시의 선택은 다른 사람이 아니라 나 자신을 위한 선택이었다. 나답게 살고 싶다는 평범한 소망 때문이었다.

　공감에서 공익 변호사로 사건을 맡으면서 한국 사회의 다양한 소수자들을 만났다. 성 소수자 뿐만 아니라 난민, 이주 노동

소년소녀, 정치하라!

자, 결혼 이주 여성, HIV/AIDS 감염인, 장애인, 청소년들. 그 당
사자들이 자신이 겪은 부당한 일에 침묵하지 않고 용기 내어 문
제를 제기했기에 가능했던 만남이었다. 나에게는 큰 행운이고
삶을 살아가는 원동력이었다. 소수자 당사자와 활동가들의 용기
를 보며 내 인식과 인생도 달라졌다. 다른 사람의 용기 있는 말
과 행동이 나에게 희망이 되었던 것처럼, 나의 작은 용기가 다른
사람에게 희망이 될 수 있다면 좋겠다고 생각했다. 내가 커밍아
웃을 결심한 이유도 청소년 성 소수자들에게 "당신은 혼자가 아
니다."라고 말하고 싶었기 때문이다. "세상은 좋아지고 있다. 힘
든 시기도 지나갈 것이다."라고 응원하고 싶었다.

사회를 변화시키는 정치, 청소년도 예외일 수는 없다

사회를 변화시키는 방법은 다양하다. 정치도 그중 하나이다. 정치는 무상 급식, 청년 배당과 같은 제도와 정책으로 사회적 자원을 배분하고 우리 삶의 방식을 결정한다. 승자와 패자를 나누는 교육 정책을 어떻게 바꿀 것인지, 성평등 교육을 시행할 것인지 결정하는 것도 정치이다. 선거가 정치의 전부는 아니다. 일상에서 우리는 매일매일 정치적 결정을 할 수 있다. 어떤 정책에 대한 의사를 적극적으로 표현함으로써 참여할 수도 있고, 지지하는 정당 활동을 통해 정치에 참여할 수도 있다.

청소년도 예외일 수는 없다. 스웨덴에서는 33세의 구스타프 프리돌린, 프랑스에서는 36세의 나자트 발로 벨카셈이 교육부 장관으로 임명되어 화제가 되기도 하였다. 특히 30대 초반에 스웨덴 교육부 장관으로 임명된 구스타프 프리돌린은 초·중등학교 때부터 꾸준히 녹색당에서 당원 활동을 했다. 학교 안에서 민주적인 의사 결정 과정에 학생들이 참여할 권리를 보장하는 것도 중요하다. 그러나 학교 밖에서 벌어지는 사회적, 정치적 이슈들에 관해 청소년이 의사 표현할 수 있는 환경을 형성하는 것도 매우 중요하다. 청소년 역시 사회 구성원이기 때문이다.

하지만 한국 사회에서 20~30대 교육부 장관이 나오길 바라는 건 아직 먼 나라 이야기다. 선거권자 연령이 만 19세로

소년소녀, 정치하라!

OECD 국가 중 가장 높고, 피선거권자 연령은 만 25세로 스무 살이 넘어도 공직 선거에 출마할 수 없다. 정치인들은 자신들의 정치적 유불리에 따라 청소년들의 정치적 권리를 제한하고 있다. 현재 국회의원들의 평균 연령이 55세라니, 과연 빠르게 변화하는 한국 사회를 제대로 대표하고 있는 대의 기관인지 의심스럽다. 여전히 정치인들은 지역 감정을 부추기고, 자신과 생각이 다르면 빨갱이라고 낙인찍는다. 이들이 우리 사회의 소수자 혐오를 모른 척하고, 자신의 이익만 추구하는 낡은 정치를 반복하는 이유도 이런 제도적 결함에서 비롯된 바가 크다.

그럼에도 불구하고, 청소년을 포함한 시민들이 정치에 환멸을 느끼거나 무관심해지지는 않았으면 좋겠다. '정치 혐오'야말로 시대에 뒤떨어진 정치인들이 시민들에게 바라는 것이다. 자신들이 마음대로 권력을 휘두르게 내버려 두는 것. 우리는 이미 박근혜 정권을 통해 뼈저리게 경험했다. 광화문 광장에서 촛불을 들었듯이, 일상에서도 조금씩 용기를 내어 목소리를 내자. 용기 있는 작은 행동들이 모여 사회를 변화시키는 힘이 된다.

혐오의 정치에서 인류애의 정치로

마사 C. 누스바움, 『혐오에서 인류애로』

법 철학자이자 정치 철학자, 여성학자로 유명한 마사 C. 누스바움의 책입니다. 저자는 역사 속의 혐오, 혐오의 정치가 작동하는 방식을 분석하고 이런 비이성적 혐오를 입법의 근거로 삼을 수 없다는 점을 논증합니다.

대한민국 헌법 제10조는 '모든 국민은 인간으로서의 존엄과 가치를 가진다.'라고 규정하고 있습니다. 헌법을 공부할 때마다 제 가슴을 뛰게 하는 조항이었습니다. 인간의 존엄성이 현실에서 종종 무시된다고 해도, 헌법으로 명문화되어 있으니, 이 법을 도구로 사회를 변화시키고 싶다는 막연한 꿈을 가지고 있었습니다.

저는 고등학교 때 성적 지향이 친구들과 다르다는 것을 어렴풋이 인지했고, 대학교에 진학해서 동성애자임을

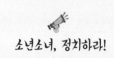

소년소녀, 정치하라!

『혐오에서 인류애로』| 지은이 마사 C. 누스바움
옮긴이 강동혁·게이법조회 | 뿌리와이파리 | 2016

확실히 깨닫게 되었습니다. 저의 세계는 저와 같은 친구들을 만날 수 있는 성 소수자 커뮤니티와 커밍아웃하지 않은 '일반' 세계로 나뉘었고, 그 두 세계를 왔다 갔다 하며 이중생활을 하듯이 살아왔습니다. 분열된 삶을 끝내고 통합된 자아로 살고 싶다는 생각이 들 때쯤 정정훈 변호사에 관한 기사를 읽게 되었습니다. 성 소수자 인권을 위한 활동을 하는 변호사도 있다는 것이 신기했습니다. 덕분에 저는 자연스럽게 법과 성 소수자 인권을 접목시킬 수 있었습니다.

　이 책은 어떻게 하면 '혐오의 정치'에서 '인류애의 정치'로 나아갈 수 있는지 영감과 지혜를 주는 책입니다. 여러분과 함께 읽고 싶습니다.

소년소녀
정치탐구
9

광장에서 깨달은 페미니스트 정치

+

강유가람, 〈시국페미〉

: 심미섭 : 페미당당 활동가

대학원에서 철학을 공부하는 중 난세에 휩쓸려 페미 전사가 되어 버렸습니다. 여성주의 정당 창당을 위한 모임 '페미당당'에서 활동하고 있습니다. 2008년 고등학생 때는 교복 치마를 입고 광화문 광장 촛불 시위에 나갔습니다. 당시 진보 아재들에 의해 '촛불 소녀'라고 불렸지만, 8년 후 2016년엔 집회 내 소수자 차별을 반대하는 페미존의 '지옥 페미'로 돌아왔지요.

대학생이 된 이후엔 이태원과 홍대 클럽을 열심히 다니느라 학업에 소홀했습니다. 2학년 때는 서울대학교 법인화 설립준비위원회 해체를 위한 본부 점거에 참여했습니다. 행정관 4층에 위치한 총장실에서 먹고 자며 락페스티벌형 시위인 '본부스탁'을 기획했습니다. 학교 잔디 광장을 점거하고 1박 2일간 음악을 연주하며 뛰어놀았습니다.

그 후 프랑스로 도망가 1년간 이방인으로서 고생하다 한국으로 돌아왔습니다. 지금은 인도 불교 철학을 공부하는 대학원생으로 살고 있습니다. 학업과 운동 둘 다 아름답게 이루려고 노력 중입니다.

 # 광장에서 깨달은 페미니스트 정치

페미가 당당해야 나라가 산다

부패 정권이라는 해일이 밀려오고 있습니다. 뛸 힘이 있는 사람은 다른 이를 마구 밀며 도망갑니다. 넘어진 자를 일으키기 위해 손을 뻗는 우리를 보고 누군가는 조개를 줍는다고 비난합니다. 그러나 우리는 조개를 줍는 사람이 아닙니다. 우리는 해안에 남아 대피 신호를 쏘아 올리는 사람입니다. 구명보트를 띄우고 해일 속으로 뛰어드는 사람입니다. 소외되고 차별받아 뒤처진 마지막 한 명까지 구하는 사람입니다.

소년소녀, 정치하라!

우리는 페미니스트입니다. 우리가 여기서 세상을 바꾸어야만 이 나라는 살 수 있습니다. 죽어가는 나라의 광장에서 그 어느 때보다 확신을 가지고 외칩니다. 페미가 당당해야 나라가 산다!

-2016년 11월 26일 페미당당 시국 선언 중

"페미가 당당해야 나라가 산다"를 슬로건으로 내세우는 페미당당은 페미니스트 정당 창당을 목표로 하는 모임입니다. 2016년 총선 직전, 페미니스트로서 마음 놓고 지지할 수 있는 정당이 단 하나도 없다는 현실에 개탄하며 모인 친구들이 함께하고 있습니다.

청소년기에는 투표권만 얻으면 내가 원하는 정당에 투표할 수 있으니 답답한 일이 없을 줄 알았습니다. 그러나 성인이 된 이후로도 언제나 꼭 맘에 들지는 않지만 그럭저럭 괜찮은 정당에 투표하는 데에 만족해야 했습니다. 2016년 4월 총선을 앞두고 친구들에게 돌린 전화가 기억납니다. 저와 친구들은 대개 규모가 그리 크지 않은 진보 정당 당원입니다. "이번에 어디에 투표할 거야?", "너 정의당원이지?", "녹색당원이지?", "너희 당에 투표할 거야?" 바쁘게 물어보았습니다. 그런데 그 누구도 자신이 당비를 내는 정당에 투표하겠다고 자신 있게 말하지 못했습니다. 왜 그랬을까요.

2016년은 저와 친구들이 과거 그 어느 때보다 치열하게 페미니즘에 대해 고민하던 시기였습니다. 저희는 트위터와 메갈리아 등 온라인 플랫폼에서 끊임없이 쏟아지는 페미니즘 이슈를 매일매일 접하고 있었습니다. '여성 혐오'는 친구와 점심을 먹으면서 일상적으로 나누는 대화의 주제가 되었습니다. 인터넷을 켜면 전 세계에서 만든 페미니즘 콘텐츠를 접할 수 있었습니다. 내각의 반을 여성으로 구성한 캐나다 총리가 "왜냐하면 지금은 2015년이니까요."라고 대답한 영상을 보고 감탄한 지도 오랜 시간이 흐른 뒤였습니다.

그런데 한국 정치계는 이런 우리의 기준에 한참 못 미쳤습니다. 진보주의를 표방하는 정당에서조차 의사 결정 과정에서의 성차별과 남성 당직자에 의한 성폭력이 만연하다는 사실은 모두가 알고 있었습니다. 그런데 그 어떤 정당의 중앙정치기구도 당내에서 일어나는 차별과 폭력 그리고 여성 혐오 문제를 제대로 처리할 의지도 능력도 없어 보였습니다. 대안이 없어서 노동당, 녹색당 혹은 정의당을 지지하지만, 사실 페미니스트로서 마음 놓고 투표할 수 있는 정당은 없다는 것이 저와 친구들이 내린 결론이었습니다. 결국 우리는 '차악'을 뽑기 위해 우울한 마음으로 투표소에 들어설 수밖에 없었습니다.

소년소녀, 정치하라!

대의 민주주의 사회에서 투표는 무슨 의미를 가지고 있을까요? 나를 대신해 정치할 사람을 뽑는 절차라고 아주 좁게 해석해 봅시다. 제가 늘 마주하고 있는 정치는 바로 페미니즘입니다. 저는 페미니스트라는 정체성을 가지고 매일매일 투쟁합니다. 가족이나 친구가 여성 혐오 발언을 하면 지적합니다. 학교나 직장에서 여성이기 때문에 차별받으면 교수 또는 상사와 싸웁니다. 이것이 페미니스트로서 제 일상이자 정치라고 생각했습니다. 이런 일상적 정치에 필요한 이념조차 제대로 보장하지 못하는 정당이 나를 대표하게 두어서는 안 되겠다는 생각이 들었습니다. 그래서 페미니즘을 바탕으로 하는 정당을 만들자고 생각하게 되었습니다. 한국에서 정당을 만드는 일은 무척 어렵습니다. 하지만 친구들과 모여 '페미당당'이라고 이름이라도 짓고 나니 마음이 훨씬 후련해졌습니다.

페미니스트, 넌 아니니?

저희는 페미당당 모임을 만들고도 사실 본격적으로 나서서 활동할 생각은 없었습니다. 페미당당에 속한 친구들은 대부분 평범한 학생 혹은 직장인이었거든요. 그러나 어지러운 세상은 우리를 페미 전사로 만들었습니다. 강남역 여성 혐오 살인 사건이 일어나고, 그것이 여성 혐오에 의한 일이 아니라는 주장이 여기저기서 들렸습니다. 페미당당 친구들은 이런 상황을 그냥 두고 볼 수 없다고 생각했습니다. 급하게 만나 회의를 하고 '거울 행동'을 기획했습니다. 근조 리본이 붙은 영정 크기의 거울을 들고 강남역을 행진하며 침묵시위를 했습니다. 거울로 자신과 주변 시민을 비추면서 이 사건은 여성 혐오 살인 사건이 명백하고, 여성 누구나 그 정체성 때문에 죽을 수 있다는 사실을 알렸습니다.

그 후 페미당당은 사회에 만연한 차별과 여성 혐오를 부수기 위해 노력했습니다. 강남역 10번 출구에서 집회를 하며 만난

소년소녀, 정치하라!

페미니스트들은 서울 곳곳에서 집회를 열고 오랫동안 참아 온 말을 외쳤습니다. 여성이라서 당한 차별을 토로하고, 성폭력 경험을 공유하며 눈물 흘리는 경우도 있었습니다. 여성 혐오 문화와 차별적인 사회 구조를 규탄하고 시정을 요구하는 목소리도 높았습니다. 홍대 거리에서 열린 문화제에서 나온 발언이 생각납니다. 페미니즘 이야기를 하고 있는 여성 두 명에게 한 남자가 다가가 "너네 뭐 페미니스트 그런 거니?"라고 물었습니다. 대화를 방해당한 여성은 가볍게 웃으며 대답했다고 합니다. "당연하지. 넌 아니니?" 페미당당이 여는 행사는 항상 이처럼 당당하고 즐거운 분위기로 진행되었습니다. 때때로 우리에게 시비를 걸거나 "페미 나치"라고 욕하며 물을 뿌리고 사진을 찍는 사람도 있었습니다. 그러나 그런 사람을 그냥 웃어넘길 수 있을 정도로 우리는 확신에 차 있었으며 서로서로가 자랑스러웠습니다.

페미당당은 '페미 파티'와 '페미나'를 기획하여 운영하기도 했습니다. 페미 파티는 클럽 파티하면 떠오르는 파티의 모습이었습니다. 디제이가 음악을 틀었고 참가자들은 수다를 떨거나 춤을 추었습니다. 일반적인 클럽 파티와 다른 점은 그 어떤 여성도 옷차림을 걱정하거나 성추행에 노출될 걱정이 없다는 것뿐이었습니다. 그 작은 차이는 여성 참가자에게는 큰 해방감을 안겨 주었습니다. 페미나는 월 1회 모여 페미니즘 관련 이야기를 나누는 세미나입니다. 첫 페미나는 『버자이너 모놀로그』라는 희곡을 읽고 자신의 보지 이야기를 나누는 시간으로 꾸렸습니다. 가장 최근 페미나는 '걸그룹과 여성 혐오'라는 제목으로 진행되었습니다. 페미니스트이면서 아이돌을 좋아하는 사람들이 모여 걸그룹 문화 내에 있는 여성 혐오를 지적하고, 그럼에도 불구하고 이를 소비하는 자신에 대한 고민을 나누었습니다.

페미당당이 초기부터 지금까지 지속하고 있는 프로젝트로는 '페미설'이 있습니다. 즉, '페미니스트 인 서울(Feminists in Seoul)'은 서울을 기반으로 활동하는 페미니스트를 인터뷰한 내용을 짧게 편집하여 페이스북에 게시하는 활동입니다. 사소한 경험으로 치부되고 넘어갈 수 있는 페미니스트 개인의 목소리를 기록으로 남기고 공유합니다. 이러한 작업을 통해 페미설은 여성 개인이 마주치는 사건이 결국 보편적인 사회 문제임을 드러냅니다.

최근 공유한 인터뷰 중에는 본인이 가지고 있던 외모 콤플렉스를 극복한 내용이 있었습니다. 어렸을 때부터 코가 못생겼다고 생각했고 놀림도 많이 받았는데, 어느 날 코를 지적하는 남자에게 "내 코는 숨 쉬려고 있는 거지 너한테 예뻐 보이려고 있는 게 아닌데?"라고 대답하고 나서 스스로도 깨달음을 얻었다는 이야기였습니다. 여성이 끊임없이 받는 외모에 대한 압박은 한 사람만의 것이 아닐 겁니다. 이러한 인터뷰 내용은 널리 공유되

어 많은 공감을 얻었습니다.

2016년 가을에 페미당당은 낙태죄 폐지를 위한 '검은 시위'를 공동 기획했습니다. 검은 시위는 합법적인 인공 임신 중절(낙태) 보장을 정부에 요구하는 시위입니다. 한국은 인공 임신 중절을 엄격하게 금지하는 나라입니다. 따라서 의도치 않게 임신한 여성은 많은 경우 불법적이며 위험한 수술을 받습니다. 검은 시위는 이런 부조리를 고발하는 시위입니다. 모두가 검은 옷을 맞춰 입고 모인 이 시위에 "내 자궁은 내 것이다. 정부는 나대지 마라!"라는 유쾌한 구호가 등장했습니다. 인공 임신 중절 문제는 여성의 몸을 출산을 위한 도구로 파악하고 통제하려고 하는 국가와의 싸움이라고 생각한 것입니다. 강남역 살인 사건을 계기로 모인 젊은 페미니스트들은 이제 구체적인 요구 사항을 정부에 제시하는 집단이 되었습니다.

광장에 페미니스트의 자리를 만들다

이렇게 바쁘게 활동하던 중, 2016년 겨울에 우리는 기존에 진행하던 집회나 행사를 모두 일시 정지해야 했습니다. 매 주말 박근혜 정권 퇴진을 위한 촛불 집회가 열리기 시작했기 때문입니다. 진보 진영의 모든 동력은 박근혜 대통령 탄핵을 위해 집중되었습니다. 처음엔 아쉽다고 생각했습니다. 모든 이목이 부패

정권 척결에 집중되면서 페미니스트로서 운동할 일은 별로 없겠다고 짐작했기 때문이었습니다. 이제 페미니스트이기 이전에 한 명의 시민으로서 전 사회적 투쟁에 함께해야겠다고 생각했습니다. 그러나 이는 크나큰 착각이었습니다. 광장에 나와 비로소 깨달았기 때문입니다. 페미니스트가 당당하지 못하면 이 나라는 절대 살아날 수 없습니다. 즉, 페미니즘적 성찰 없이 현대 정치가 진보한다는 것은 불가능합니다. 때문에 박근혜 정권 퇴진과 부패 정권 척결을 외친 2016년 겨울은 페미당당에게 어느 때보다 더 페미니스트로서 소리 높였던 계절이 되었습니다. 그리고 페미니스트 정치의 필요성을 진심으로 느낀 시기이기도 했습니다.

광화문 광장에 처음 페미당당 깃발을 가지고 나갔던 것은 충동적인 결정이었습니다. 낙태죄 폐지를 위한 두 번째 검은 시위를 마무리하고 저녁을 먹고 나니 박근혜 정권 퇴진을 위한 촛불 집회가 시작될 시간이었습니다. 페미당당 친구들은 본래 촛불 집회에 개인적으로 참여할 예정이었습니다. 그런데 마침 깃발도 있겠다, 이걸 올리고 광화문에 나가 보자고 결정했습니다. 페미니즘 이외의 주제로 열리는 시위에 페미당당 깃발을 들고 참여하는 것은 처음이었습니다. 다섯 명의 친구가 깃발 아래 모여 시위대에 합류했습니다.

우리는 당황했습니다. 시위대는 박근혜와 최순실이 여성이

소년소녀, 정치하라!

라는 이유로 조롱하고 있었습니다. "병신년은 퇴진하라!", "아줌마 둘이 뭐 하는 짓이냐." 하는 발언은 청와대까지 들리지는 않았을 것입니다. 그러나 바로 옆에 있는 우리에게는 상처가 되었습니다. 뿐만 아닙니다. '어린 여자애들'이 모여 있으니 아저씨들은 말을 걸고 의미 없는 농담을 던졌습니다. 밀치고 가거나 몸을 더듬는 사람도 있었습니다. 등을 세게 밀고 지나가는 사람을 붙잡아 사과를 요구하고 돌려보내기도 했습니다. 당연히 우리에게도 시민으로서 목소리를 낼 권리가 있는 줄 알았습니다. 하지만 우리는 그저 '기특한 아가씨들'로 취급받을 뿐이었습니다. 동등한 시민의 일원이 되지 못하고 심지어 성추행을 당했습니다.

첫 집회 이후 페미당당은 '페미존'을 꾸리기로 마음먹었습니다. 우리와 마찬가지로 집회에서 불쾌한 경험을 하고 돌아간 여성 혹은 페미니스트가 적지 않을 것이라고 생각했기 때문입니다. 그들이 페미당당 깃발 아래 모이면 '혐오 발언, 혐오 문구, 폭언, 불쾌한 신체 접촉 없는 페미존'을 만들어 조금 더 안전하고 평등한 분위기에서 시위에 참여할 수 있을 것이라고 판단했습니다.

처음에는 이렇게 다소 작은 목표를 가지고 모였던 페미존은 단 몇 주 사이에 더 큰 목표를 추구하게 되었습니다. 초반 페미존에서 가장 중요한 역할은 '자경단'이었습니다. 여성이 많이 모여 있으니 만만하게 보고 다가와 시비 거는 아저씨가 많았습니

다. 미스코리아처럼 예쁘다며 사진을 찍자는 사람도 있었습니다. 그들을 막아 내는 것이 자경단이 맡은 일이었습니다. 시위 내내 페미존 사람들은 "만지지 마세요, 밀치지 마세요."라고 외치다가 지쳐 버리곤 했습니다. 그런데 페미니스트가 이백 명, 삼백 명이 모이자 단순히 서로를 보호하는 것 이상의 활동을 할 수 있게 되었습니다. 비로소 '페미니스트로서의 목소리'를 낼 수 있게 된 것입니다.

페미니스트들은 이제 "혐오 발언 박살 내자!", "페미가 당당

소년소녀, 정치하라!

해야 나라가 산다!"라는 주장을 함께 외치기 위해 페미존에 모였습니다. 페미존 사전 집회에서는 페미니스트, 장애인, 성 소수자, 성 노동자, 청소년이 자유롭게 나와 자신이 말하고 싶은 바를 말하게 되었습니다. 이 자리에서는 모두가 여성의 권리만을 말하지 않았습니다. 외국인 혐오, 성 소수자 차별 등을 비판하는 목소리도 자유롭게 발언하고 공감받을 수 있었습니다. 그렇게 다수가 모여 목소리를 얻자 페미존은 정치 세력으로서 기능하기 시작했습니다. 본 집회 발언자가 "미쓰박"이라고 여성 혐오적인 발언을 하자 바로 항의하여 사회자의 사과를 받아 냈습니다. 초대 가수가 집회에서 여성 혐오 가사가 담긴 노래를 부르겠다는 계획을 막아 내게 되었습니다.

처음 페미존은 스스로를 지키자는 다소 소극적인 목표로 출발한 모임이었습니다. 그런데 많은 수의 페미니스트가 모여서 목소리를 내자 페미존은 정치 행위를 할 수 있는 세력이 되었습니다. 어떤 사람은 광장에서 페미니즘적 요구를 하는 것이 공동 목표를 추구하는 동력을 약화시키지 않느냐고 물었습니다. 지금은 페미니즘을 이야기할 때가 아니라고 주장하는 사람들은 항상 '더 큰 민주주의'를 말했습니다. 그러나 과연 무엇이 더 큰 민주주의일까요? 페미존에서 함께 촛불 집회에 참여한 수백 명 중 많은 참가자가 '이번이 생애 첫 시위 참여'라고 말했습니다. 심지어 페미당당 친구 중 몇몇도 그렇습니다. 그동안 집회 장소는 위험하다거나 자신의 자리가 아니라고 생각했던 것입니다. 폭력과 혐오 없는 공간이 만들어지기만 해도 훨씬 많은 사람이 시민으로서 목소리를 낼 수 있다는 사실을 확인했습니다. 이렇게 페미니스트 정치를 통해 형성된 광장은 더 큰 민주주의의 모습이었습니다.

광장에서 겪은 더 큰 민주주의의 경험은 페미니스트 정치가 어떤 방식으로 이루어져야 할지 그 방향을 잡게 해 주었습니다. 페미니스트 정치는 목소리를 얻는 것에서부터 시작됩니다. 본래 광화문 광장이라는 정치의 공간에 페미니스트의 자리는 없었습니다. 페미니스트 정치는 그 공간에 들어가기 위해 싸우는 단계부터 시작해야 합니다. 페미니스트를 비롯한 사회적 소수자는 본래부터 당연히 가지고 있어야 할 발언권을 쟁취하기 위해 투쟁합니다. 우리도 민주주의 국가에서 시민으로서 말을 하기 위해서, 논의에 참여하기 위해서 말입니다.

그동안 우리는 위협을 느끼거나 불편해서 광장에 들어가지 못했습니다. 한편으로는 '더러워서 피하지 무서워서 피하냐.'라고 생각했던 측면도 분명히 있습니다. 그러나 이제는 싸워야 할 때가 왔음을 알고 있습니다. 싸워서 이길 수 있음도 알고 있습니다. 여성 혐오 표현을 미러링으로 비추어 보여 주는 '메갈리아'에

소년소녀, 정치하라!

서 출발한 네티즌들이 온라인 광장에 펼쳐진 여성 혐오 진흙탕에 눈감지 않고 곧장 뛰어들어 싸웠던 광경을 목격했습니다. 오프라인 광장에서는 페미존에 몇백 명의 페미니스트를 모을 수 있습니다. 혐오 발언을 지적하면 사과를 받아 낼 수 있습니다. 여성 혐오 노래를 부르겠다는 가수를 섭외한 집행부에 다 함께 항의하면 공연이 취소된다는 사실을 압니다. 피하지 않고 여럿이 모여 목소리를 높인다면 세상을 바꿀 수 있습니다.

우리는 여기서 세상을 바꾼다

그럼 탄핵이 성공하고 새로운 정부가 들어선 지금, 페미니스트는 어떤 정치 활동을 하고 있을까요. 이제 광화문에 모였던 시민은 본인이 원래 속한 자리로 돌아갔습니다. 페미당당 또한 2016년에 진행하다 잠시 멈춰 두었던 싸움을 다시 시작했습니다. 언제나처럼 여성이 자유롭고 소수자가 행복한 일상을 만들기 위하여 노력하고 있습니다. 페미당당이 특히 집중하고 있는 프로젝트는 형법상 '낙태죄' 폐지를 위한 공동 활동입니다. 2016년 페미당당을 비롯한 페미니스트 진영은 검은 시위를 통해 여성이 자신의 성적·신체적 자기 결정권을 온전히 누릴 수 있는 사회를 만들고자 했습니다. 2017년 9월 페미당당을 비롯한 페미니스트 단체는 '모두를 위한 낙태죄 폐지'라는 이름으로 공동 행동을 다시 시작합니다. 이 이름에는 낙태죄 폐지가 여성 개인이 행복할 수 있는 방법일 뿐 아니라 사회 전체 복지를 위해 꼭 필요한 일이라는 주장이 담겨 있습니다.

제 주변에는 본인이 처한 상황 때문에 활동가로서 페미니즘 운동을 하기는 어렵다고 고백하는 친구가 많습니다. 이런 친구들은 본인을 페미니스트라고 부르기를 주저하거나 페미당당 활동을 하는 저에게 빚을 지고 있다고 느끼기도 합니다. 그러나 전혀 그럴 필요가 없다고 생각합니다. 문제의식을 가지고 일상에서 실천하며 살아간다면, 우리의 삶이 바로 정치이기 때문입니다. 우리는 가정, 학교 회의 시간, 인터넷 게시판과 같은 생활 공간 곳곳에서 정치 행위가 일어나는 크고 작은 광장을 마주합니다. 그 광장에서 소수자가 충분히 목소리를 내고 있는지 확인하고, 만일 그렇지 않다면 공동체 내에서 그의 발언권을 보장하기 위해 싸우는 일이 바로 페미니스트 정치입니다.

페미니스트 정치란, 시민의 당연한 권리인 발언권을 얻는 것부터 시작해야 하는 일입니다. 이 말은 소극적으로 들릴 수도 있습니다. 그러나 페미당당은 목소리를 내기 위해 싸운 결과, 생각보다 사회의 많은 부분을 바꿀 수 있다는 사실을 경험했습니다. 이렇게 작은 승리의 경험에서 용기를 얻어 우리는 계속 싸웁니다. 이 싸움으로써 모든 시민에게 동등한 권리를 보장할 수 있

소년소녀, 정치하라!

음을 알기 때문입니다. 페미니스트가 목소리를 내면 세상이 변한다는 사실을 깨달았기 때문입니다.

2016년 촛불 집회 페미존의 구호는 "우리는 여기서 세상을 바꾼다."였습니다. 광화문 광장에서 "학생들은 집에나 가."라는 아저씨의 비아냥을 곧장 "아저씨나 집에 가세요. 우리는 여기서 세상을 바꾼다!"로 맞받아친 경험에서 나온 문구였습니다. 이 구호는 광장에서뿐만 아니라 모든 정치의 공간에서 유효하다고 생각합니다. 페미니스트, 장애인, 성 소수자, 이주 노동자, 청소년 …… 시민 사회 구성원 누구에게나 말이지요. 그 누구든 각자가 처한 자리, 바로 여기서 세상을 바꿉시다.

청소년을 위한 정치력 향상템

페미존, 광장을 지킨 여성들의 목소리

강유가람 감독, <시국페미>

    <시국페미>는 2016년 박근혜 퇴진을 위한 촛불 집회 당시 페미존이 어떠한 모습이었으며 무슨 역할을 하였는지를 보여 주는 다큐멘터리입니다. 페미니스트로서 정치적 행동을 하는 사람에게 쏟아지는 비난과 반발에는 어떤 말들이 있는지, 그리고 페미존의 페미니스트들이 이에 어떻게 맞서 싸웠는지를 알 수 있습니다.

    저는 이 영화의 출연자로서 다양한 영화제에서 진행된 '관객과의 대화'에 종종 참여하였습니다. 그중 페미존 활동 당시 공격을 많이 받았는데 어떻게 스스로 옳은 일을 하고 있다고 확신할 수 있었느냐는 질문을 받은 적이 있습니다. 대답을 생각하던 자리에서 페미니즘 활동에 대한 확신은 끊임없는 자기 성찰에서 온다는 깨달음을 얻었

소년소녀, 정치하라!

〈시국페미〉| 강유가람 감독
2017

습니다.

페미존을 운영하며 우리는 "남성 혐오자" 혹은 "분란
유발자"라고 비난받았습니다. 페미존이 여성 혐오라고 지
적한 부분은 전혀 여성 혐오가 아니라고 주장하는 사람
도 많았습니다. 납득할 수 없는 말을 들을 때조차 페미존
의 페미니스트들은 잠시 멈추고 내가 하고 있는 생각이나
행동에 혹시 잘못된 점은 없는지 곰곰이 고민해 보았습니
다. 그런 과정을 부지런히 거쳤기 때문에 역설적으로 우
리는 옳은 길로 가고 있다는 확신을 얻을 수 있었습니다.
〈시국페미〉에는 이처럼 페미니스트들이 어지러운 정국에
서 옳은 일을 하기 위해 노력하며 싸워 온 과정이 생생하
게 기록되어 있습니다.

소년소녀
정치탐구
10

소녀가 뭐길래,
17세 여고생이 외친다

+

조남주, 『82년생 김지영』

: 김하린 : 충북 보은여자고등학교 인권 동아리 '소수자들' 부장

저는 열다섯 살 때까지 이 사회의 불평등에 대해 제대로 알지도 말하지도 못했습니다. 하지만 신체와 함께 생각도 성장기를 겪으며, 여성으로서 또 청소년으로서 겪어 온 불평등을 깨달았습니다. 소수자 혐오를 비롯한 정치에 관심을 가지면서 사회에서 일어나는 일들이 더 이상 저와 무관하지 않다고 생각하게 되었습니다. 제가 직접 겪은 일이든, 그렇지 않은 일이든 말이지요.

2017년, 고등학교에 입학하며 인권 동아리 '소수자들'을 만들었습니다. 부원들과 함께 인권 운동가로서 교내 행사나 지역 축제, 캠페인에 참여하는 등 많은 활동을 하고 있습니다.

'여고생', '미성년자'보다는 '동아리 소수자들의 부장', '인권 운동가', '페미니스트'라고 불리는 게 훨씬 좋아서 앞으로도 계속 평등한 세상을 위해 목소리를 낼 것입니다.

소녀가 뭐길래,
17세 여고생이 외친다

소소한 일상에서 만난 크고 작은 물음표

충청북도 보은군 보은읍, 시골 마을에 위치한 작고 평범한 고등학교. 2017년 봄, 이곳에서 여느 신입생들과 다를 바 없이 바쁘고 어색한 하루하루를 보내고 있었다. 수업 시간에는 공부하고 쉬는 시간에는 시시콜콜한 이야기를 재잘대는 나날이었다. 그런데 시간이 지날수록 불편하고 이상한 일들이 일어나기 시작했다.

"여학생이 반짇고리도 안 가지고 다녀?", "여자가 무슨 취업

소년소녀, 정치하라!

이야. 현모양처 되는 게 최고야." 같은 말을 선생님들은 아무렇지 않게 했다. 아주 자연스럽고 당연하다는 듯이 편견과 차별이 가득한 말을 계속했다. 그럼에도 친구들은 이런 일을 전혀 성 차별이나 청소년 차별이라고 느끼지 못했다.

여성+청소년+학생, 그러니까 '여고생'에 대한 '평범한' 차별을 나와 친구들 역시 경험하고 있었다. "미래를 주도하는 능력 있는 여성"이라는 교훈이 무색하게 말이다. 여학생은 반짇고리를 가지고 다녀야만 능력 있는 사람이 될 수 있는 걸까? 여성이 미래를 주도하는 것과 현모양처가 되는 것 사이에 어떤 상관관계가 있는 걸까?

아마 이때부터였던 것 같다. 소소한 일상에서 생기는 크고 작은 물음표에 의문을 가지고 주변 친구들과 나누기 시작한 것이. 신입생끼리라도 동아리를 만들어 우리의 인권을 지키고, 더 많은 친구들과 불합리한 문제에 대해 생각을 나누고 싶었다. 얼마 후 나와 뜻을 같이하는 10명의 친구들이 모여 인권 동아리 '소수자들'을 만들었다.

길어야 3년, 학생 신분이라는 제약이 있지만 최대한 변화를 이루기 위해 활동하고 싶었다. 우선 우리 10명의 '소수자들'은 동아리실에 모여 평소에 접한 차별이나 혐오성 발언을 기록하는 기록장을 썼다. 그리고 비백인종, 성 소수자, 여성, 장애인, 청소년 등 우리를 포함한 사회적 약자들이 겪는 차별을 다룬 영상과 책을 보고 활발하게 토론했다. 토론을 하며 그동안 무신경하게 지나치거나 창피하게 여겼던 일상에 대해 '왜 굳이 그래야 하지?'라는 의문을 던졌다.

　나의 신체를 규제하는 교칙, 비치는 속옷에 대한 여성 차별적 시선 등 이야기의 주제는 다양했다. "거의 모든 학교 교칙에 머리 길이 규정이 있는데, 머리 길이가 길든 짧든 불편하지도 않고 남에게 피해를 주지도 않아. 그런데 왜 학교는 내 신체를 규제하고 억압할까?", "나는 브래지어 색이 상의에 비쳐도 크게 신경 쓰지 않고 외출해. 그런데 항상 주변 사람들이 속옷이 비친다고 굳이 알려 줘. 왜 그게 실수라고 생각하고 창피하다고 여기는 걸까? 남자들은 러닝셔츠조차 입지 않고 다니는 경우도 많잖아?"

　그동안 혼자만 가졌던 의문들, 남몰래 마음속에 담아 두었던 이야기를 공유하는 것만으로도 큰 의미가 있었다. 여성이라는 이유로, 나이가 어리다는 이유로 겪었던 일들이 불평등이고 억압이었다는 것을 깨닫는 순간은 때로 충격이었다. 그렇게 우리는 서로의 말에 귀를 기울이고, 공감하며 생각의 깊이를 더해 갔다.

소년소녀, 정치하라!

연대의 힘으로 함께한 가슴 벅찬 기억

선생님은 말씀하셨지 여고생은 순결하다고

신입생 수 56명, 작은 시골 학교에서 들리는 목소리

−텀블벅 프로젝트 내용 중에서

2017년 5월 서울에서 페미니즘 페스티벌 '페밋'이 열린다는 소식을 들었다. '소수자들'도 부스를 세워서 적극 참여하고 싶었지만 참가비 마련이 문제였다. 우리는 고민 끝에 텀블벅(온라인 펀딩 사이트)에서 모금 프로젝트를 진행했다. 과연 사람들이 시골 마을 소녀들의 목소리에 귀를 기울여 줄까, 걱정이 앞섰다.

그래도 용기를 냈다. 모금 참여 후원인들에게 줄 여성 인권 물품 기획부터 시작했다. 여성 임금 인상과 여성이 인간답게 살 권리를 의미하는 빵과 장미를 새겨 '거울 속 페미니즘' 배지를 만들었다. 또 여학생에게 소녀다움과 순결함을 요구하는 시선에 대한 의문을 담아 '소녀다움의 교복' 배지도 만들었다. 친구들과 밤을 새우며 함께 기획하고 직접 디자인까지 하며 열정을 불태웠다. 하지만 얼마나 많은 사람에게 우리의 목소리가 닿을지는 아무도 알 수 없었다.

결과는 목표액 234%를 달성하는 쾌거였다! 약 10일간 목표했던 40만 원을 훌쩍 뛰어넘은 94만 원이라는 큰돈이 모였다. 이름도 얼굴도 모르는 사람들이 우리의 이야기에 귀를 기울였던 것은 '연대'의 한 방식이 아니었을까. 나이도 사는 곳도 다른 수많은 사람들이 전해 준 응원 덕분에 우리는 세상 밖으로 나설 수 있었다.

그렇게 연대의 힘으로 참가한 페밋 현장에서 다양한 목소리를 만났다. 여성의 건강권을 지키는 방법으로 생리컵을 알리는 사람들, 게임은 남자들의 전유물이라는 생각을 뒤엎고 게임 세계를 종횡무진 누비는 여성 게이머들, 여성의 삶과 경험을 글 속에 담는 작가들, 동성애자나 트랜스젠더 등 '퀴어'가 차별받지 않고 살아갈 권리를 이야기하는 사람들⋯⋯. 다양한 곳에서 활동하는 사람들을 만나고 새로운 이야기를 접하면서 사회를 바라보는 시야를 넓힐 수 있었다. 차별과 편견을 넘어 세상을 바꾸고자 하는 수많은 사람들이 있다는 것을 알게 되었다. 페미니즘에 대해 관심을 가진 사람들과 한 자리에서 함께했던 시간은 '소수자들'의 마음속에 가슴 벅찬 기억으로 남았다.

페밋에 참가한 후, 신문사와 인터뷰하고 활동을 소개한 기사가 신문에 실리자 응원의 댓글이 달리기도 했다. 신기하고 뿌듯한 경험이었다. 사실 처음 동아리를 만들 때만 해도 주변 시선

소년소녀, 정치하라!

은 그리 좋지 않았다. 친구들로부터 "생활기록부에 써서 크게 활용할 만한 동아리도 아닌데 왜 그런 활동을 해?"라든가 "동성애자 인권이 왜 중요해? 너희 이상한 일 하는 거 아니야?"라는 차별 섞인 소리도 들었다. 지역 행사에 참가하면 어른들이 우리 피켓 내용이나 부스를 가리키며 이상하다며 쑥덕거리고 자녀들의 참여를 제지하는 일도 많았다. 이런 반응들을 접할 때는 화도 나고 눈물도 났다.

우울하고 힘든 상황이 생길 때 페밋에서의 경험은 작은 희망을 보여 주었다. 지치지 않고 계속 이야기할 힘을 얻었기 때문이다. 물론 여전히 우리 이야기에 귀를 기울이지 않는 사람들도 많다. 페미니즘은 성별을 이유로 차별하지 않는 세상을 꿈꾸는 것이고, 성 소수자라고 해서 동성애자만 있는 것은 아니며, 무지개색이 성 소수자의 상징인 이유는 다양성을 존중하자는 의미라는 것을 열심히 전하고 싶어도 사람들은 무시하며 지나간다. 하지만 '소수자들'의 뜻을 물어보고, 우리의 이야기를 들은 뒤, '맘충'이나 '된장녀' 같이 여성 혐오적인 말을 쓰지 말아야겠다고 말하는 친구들도 있다. 이런 작은 변화 하나만으로도 희망을 느낀다. 그 순간은 작은 개혁의 시작이었고, 의지와 열정의 첫 결실이었다.

대한민국에서 여성 청소년으로 살아가기

'소수자들'로 활동하며 나에게도 변화가 생겼다. 그중 하나는 대한민국에서 여성 청소년으로 살아간다는 것, 그것이 무엇을 의미하는지 전보다 더 자주, 더 깊이 생각하게 되었다는 것이다. 차별적인 발언을 들었을 때 여성이자 청소년, 여성이자 장애인처럼 소수성이 중첩될수록 반박하기가 더 어렵다. 사실 반박하는 일조차 소수자들에게는 쉽지 않다. 소위 다른 사람에게 '찍히는' 일도 있으니까. 또 용기 내어 어렵게 문제를 제기해도 변하지 않는 사람들도 있다. 그런 경우 나 역시 포기하거나 무시하게 된다.

민주 사회의 구성원이라면 차별과 혐오가 잘못되었음을 인지하고 변화를 위해 목소리를 내야 한다. 하지만 어렸을 적부터 수많은 차별과 혐오가 몸에 배었거나, 여성이나 장애인, 청소년 인권에 대해 접할 기회가 없었던 사람들은 문제의식을 가지지 못하는 경우가 더 많다. 또 문제라고 생각하지만 어떻게 반박해야 할지 몰라 입을 다물기도 한다.

이런 행동들이 잘못되었다고 생각하지 않는다. 그저 어떤 것이 차별과 혐오인지 제대로 배우지 못한 것뿐이고, 지금이라도 달라지려고 노력하면 되기 때문이다. 진짜 잘못은 차별과 혐오가 무엇인지 알면서도 가만히 있거나 동조하는 것이다. 이런

소년소녀, 정치하라!

행동이야말로 여성, 청소년, 성 소수자, 많은 사회적 약자들의 발목에 족쇄를 채웠던 이들이 바라던 게 아닐까? 우리는 인권에 대해 배우고, 조금 더 예민해지고, 불편해할 필요가 있다. 나 역시 '소수자들' 활동을 하며 페미니즘에 대해 자세히 배우고 난 후 받은 충격은 정말 엄청났다. 그동안 '평범'하게 여겼던 일상이 여성을 향한 차별이고, 혐오였으며, 폭력이라는 것을 깨달았기 때문이다.

'여자는 항상 애교 있게 웃어야 한다, 여자가 아무 데서나 다리를 벌리고 앉으면 싸 보인다, 여학생이 짧은 치마를 입고 화장하면 보기 안 좋다, 옛날이었으면 결혼하고 애가 있을 나이다, 오빠 밥 차려 줘라, 여자애가 옷이 지저분하게 그게 뭐니.' 여자라서 이래야 하고, 여자라서 이러면 안 된다는 말들을 수없이 들어 왔다. 대한민국에서 살아가며 이런 말을 한 번도 듣지 않은 여성은 분명 찾기 힘들 것이다.

심지어는 초면인 아저씨들이 아무런 거리낌 없이 이런 말을 내뱉는 경우도 다분하다. '여자는-', '여자가-', 얼마나 무례한 말인가? 이런 말들이 여성을 '사람', 그러니까 하나의 인격체로 여기지 않는 표현이라는 것을 일찍 깨닫고 반박하지 못한 게 안타까울 뿐이다.

나와 친구들을 포함한 수많은 10대 여성은 청소년이 겪는 차별에 더해 여성이라는 이유로 또 다른 차별을 겪고 있다. 여성 청소년의 삶은 항상 비슷하다. 유년기부터 사람들에게 생글생글 웃으며 애교 있게 대하며 자라고, 학교에서는 '학생다움'이라는 알 수 없는 기준으로 정한 각종 규정들을 지켜야 한다. 공부를 못해서는 안 되지만, 남학생들보다 공부를 잘하는 것은 더욱 안 된다. 공부를 너무 잘하는 여자는 남자들이 부담스럽게 여기니까. '단정하게' 보이기 위해 노출은 하지 말아야 한다. 값비싼 옷을 입으면 '된장녀처럼' 보이므로 '적당한' 가격의 옷을 입되, '여자답게' 신경 쓴 것처럼 입어야 한다. 성형은 금물이다. 쇼트커트보다 짧은 머리 스타일은 '남자 같아서' 안 되고, 항상 '싸 보이지 않도록' 예의 있고 정숙해야 한다. 사귀는 친구가 있더라도 혼전 순결을 지켜야 하며 각종 여성 관련 범죄도 알아서 조심해야 한다.

이것을 과연 '인간다운 삶'이라고 말할 수 있을까? 세상은 '학생답게', '여성스럽게' 같은 알 수 없는 기준으로 만들어진 여성성을 강요하고 여성을 마치 물건처럼 취급한다. 여성에게 사회가 또는 남성이 바라는 기준에 맞는 인형이 되기를 요구하며 기준에서 벗어나면 괴물로 여긴다. 때로는 나와 친구들이 차별해도 되는 가장 만만한 존재, 마치 동물원에서 사육당하는 동물이 된 것 같다는 생각이 들 때도 있다. 단지 여성으로 태어나 아직 청소년이라는 이유로 강요받는 이런 삶이 당연한 걸까? 나는 그렇지 않다고 생각한다. 그동안 당연하다고 생각해 온 것들이 정말 당연한지 질문하고, 한 사람의 인격체로서 내가 원하는 삶을 살아갈 권리가 있다. 또 사회의 다른 구성원들에게 함께 세상을 바꾸자고 이야기할 수 있다.

주체가 되어 목소리를 내는 것, 그것이 정치

세상에 대한 질문과 자기주장이 바로 하나의 '정치'이다. 주로 뉴스나 신문에서만 듣는 말이어서 다소 딱딱하고 멀게만 느껴질 수 있다. 하지만 정치는 그렇게 어렵고 복잡한 게 아니다.

사회 구성원으로서 개인이나 단체의 목적을 이루려고 노력하는 것, 자신의 주관을 가지고 사회 변화의 주체가 되어 계속해서 목소리를 내는 것, 그것이 정치라고 생각한다.

그러나 청소년이 정치에 관심을 가지거나 직접 참여하려고 하면 많은 어른들이 "학생이 벌써부터 무슨 정치야?", "나이도 어린데 정치에 대해 뭘 안다고 그래?"라며 무시하곤 한다. 이런 사회에서 청소년은 평등을 주장하는 목소리를 내기가 어렵다.

가정에서는 청소년을 독립적인 주체로 인정하지 않는 부모님도 많다. 어떤 부모들은 '가정교육'이라는 이름으로 자기주장을 하는 청소년에게 신체적이거나 정신적인 위협을 가한다. 부모에 의해 가정폭력을 당할 때 신고를 해도 가해자는 경고나 가벼운 처벌 정도만 받는다. 제3자가 오히려 피해자에게 가해자와의 화해를 요구하는 일도 다분하다.

학교에서는 선생님이 차별주의자라면 수업 때마다 혐오 발언에 노출될 수밖에 없다. 이런 일에 반발하면 선생님에게 '찍혀' 생활 기록부에 나쁘게 기록될 거라는 협박을 당하거나 모욕적인 발언을 들어야 한다. "좋은 대학에 가지 못하면 좋은 직장에 취직을 못 하고 그러면 성을 팔게 될지도 모른다.", "여자가

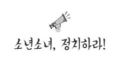

소년소녀, 정치하라!

화장을 하는 이유는 번식을 위해서다." 모두 2017년 기사에 보도된 발언들로 고등학교 남교사의 입에서 나온 말이다. 심지어 그 선생님은 교실에 몰카를 설치했다가 적발되었지만 학교에서 징계하기는커녕 육아 휴직을 허가했다. 여성 단체들이 처벌을 요구하고 있으나 아직 제대로 된 처벌을 받지도 않았다. 교실에 몰카를 설치할 정도의 엽기적인 범죄를 저지른 뒤에야 저런 '흔한' 말들이 세상의 주목을 받을 수 있었다.

청소년들 역시 사회의 구성원이기에 다른 사람들과 함께 살아갈 세상에 대해 관심을 가지고 변화를 위해 노력해야 한다. 하지만 이런 차별과 억압이 자연스러운 사회에서 쉽게 변화를 외칠 수 없는 것은 어쩌면 당연하다. 청소년이 '인권'과 '평등'을 외치며 목소리를 내고자 할 때 제재나 위협을 당해서는 안 된다. 사회는 청소년의 발언에 귀를 기울여야 한다. 청소년 인권 존중과 보장을 위해 청소년 참정권은 당연한 권리여야 한다. 하지만 OECD 국가 중 유일하게 청소년 참정권을 보장하지 않는 나라에서 청소년 인권은 존중받기 힘들다. 청소년의 정치 참여를 반대하는 어른들은 정치를 배울 기회조차 주지 않으면서 청소년은 아직 미성숙하다고 단정 짓는다. 청소년의 정치 참여가 논의되어도 정작

당사자인 청소년은 제외한다.

    인간으로서 최소한의 존중을 받기 위해, 당연한 권리를 찾기 위해 청소년들은 지속적으로 사회와 정치에 관심을 가져야 한다. 청소년 시기부터 사회 문제에 대해 고민하고 스스로 옳고 그름을 판단해야 한다. 그러면서 정치 주체이자 사회 구성원의 일부로 자리매김하고 자기주장을 펼칠 수 있어야 한다. 무엇보다 지금 치르는 선거와 만들어지는 정책이 머지않아 청소년들에

소년소녀, 정치하라!

게 영향을 미칠 것이다. 이를 생각하면 청소년에게 참정권을 주지 않는 사회에 이의를 제기하는 것은 당연한 일이다.

함께, 오래도록, 재미있게, 멈추지 말자

'소수자들'은 인권 동아리이지만 처음에는 정치나 인권 문제에 그다지 관심 없는 부원들도 있었다. 정치와 인권에 대해 아는 것보다 모르는 게 더 많았던 지극히 평범한 친구들이었다. 그런 학생들이 모여 함께 고민하며 다양한 인권 관련 활동을 해 왔다. 동아리 활동을 하면서 이전에는 생각하지 못한 문제를 생각해 보고, 자기 의견을 이야기하는 경험들이 쌓였다. 그러다 보니 우리들이 생활하는 공간, 주변 친구나 어른들 사이에서 혐오 발언을 줄여 나가는 작지만 큰 변화를 만들고 있다.

'소수자들'은 그저 흔한 학교 자율 동아리 중 하나이다. 부원들이 원하는 활동에 대해 의견을 나누고, 회의를 거쳐 함께 결정하고, 관련 자료들을 찾아보며 교내와 지역 사회에서 캠페인을 진행하고 있다. 어떻게 보면 참 단순한 활동들이다. 그래서 가끔 '소수자들'에 관심을 가지는 사람들이 인터뷰를 제의할 때면 부원들끼리 안절부절못하기도 했다. '우리가 이렇게 관심을 많이 받아도 되는 걸까?' 하고 생각했기 때문이다. 하지만 다른 관점에서 보면 부족한 점이 많았던 '소수자들'도 이렇게 활동하고 있으니 다른 사람들도 충분히 할 수 있을 것이라는 생각이 든다. 개인 혹은 뜻이 맞는 이들끼리 모여 목소리를 내는 것은 분명 의미 있는 변화의 시작이 될 것이다.

배우고, 신념을 가지고, 목소리를 내는 것을 멈추지 않는다면 분명 언젠가는 변화를 외치는 더 많은 사람들과 함께 만날 수 있을 거라고 생각한다. 비백인종이나 성 소수자, 여성이나 장애인, 청소년이라는 이유로 차별과 혐오, 범죄의 대상이 되지 않는 사회. 어린이와 청소년을 성적 대상화하지 않는 사회. 여성 필수품인 생리대를 안전한 재료로 만들어 싼값에 판매하고, 나의 건강을 위해 생리컵을 쓴다는 이유로 조롱받지 않는 사회. 여성과 남성에 대한 고정 관념이 사라지고 모든 이가 평등하고 서로를 존중하는 사회. 더 많은 이들이 함께 목소리를 낸다면 그런 사회를 만들 날이 올 것이다. 그날을 기약하며 이 책을 읽는 사람들에게 책의 제목을 인용해 "모든 청소

소년소녀, 정치하라!

년, 정치하라!"라고 말해 주고 싶다.

우리는 평등한 세상을 원하는 사람들과 함께 계속해서 힘을 합쳐 싸워 나갈 것이다. 그것이 사회를, 세계를 변화시킬 것이라 믿어 의심치 않는다. 2017년 페밋의 캐치프레이즈는 "함께, 오래도록, 재미있게"였다. 그리고 나는 이렇게 말하고 싶다.

"멈추지 말자."

세상의 모든 딸을 위하여

조남주, 『82년생 김지영』

『82년생 김지영』의 주인공 이름은 실제 82년도에 태어난 여아들에게 가장 많이 지어 준 '지영'이다. 34살 김지영 씨의 일생에 빠져 읽다 보면 김지영 씨가 실제로 존재하는 것 같은 착각마저 들게 할 정도로 사건이 구체적으로 진행된다.

김지영 씨는 평범한 가정에서 자란 여성이지만 어렸을 적부터 갖은 무시와 차별, 여성 혐오, 고정 관념의 대상이 되었다. 김지영 씨 주변의 여성 등장인물들 역시 마찬가지인데 이야기가 진행될수록 점점 공감하게 된다. 슬프고 억울한 마음이 절로 든다. 독자들은 책을 읽으며 그동안 여성의 삶에서 이른바 '평범한 가정'이, 여성이 살아온 세상이 얼마나 잘못되었는지를 알 수 있다.

소년소녀, 정치하라!

『82년생 김지영』| 조남주
민음사 | 2016

　본문 중에 이런 말이 있다. "김지영 씨는 한 번씩 다른
사람이 되었다. 살아 있는 사람이기도 했고, 죽은 사람이
기도 했는데, 모두 김지영 씨 주변의 여자였다. 아무리 봐
도 장난을 치거나 사람들을 속이는 것 같지는 않았다. 정
말, 감쪽같이 완벽하게, 그 사람이 되었다." 이 말에는 많
은 의미가 숨어 있다. 한국 사회에서 여성의 삶은 크게 다
르지 않다. 차별과 불평등에서 벗어나는 게 쉽지 않기 때
문이다. 그야말로 갑갑하고 폭력적인 상황임에 틀림없다.
　작가의 말처럼 앞으로 살아갈 모든 딸들은 우리가 살
아온 폭력적인 세상보다 더 나은 세상에서 다양하고 큰
꿈을 꾸며 행복해야 한다. 이제는 우리가, 이 사회가 변화
해야 할 때다.